エミ爆食リン
アラサー女子旅
47都道府県

エミリン

宝島社

宮島で撮ってもらった記念写真

アテンション

※本書の内容は、2023年の1年間でエミリンこと大松絵美氏が個人的に手配＆散策した旅の記録です。
※各地の交通手段、店舗、観光地情報などについて、勘違い、記憶違い、時期により情報が変わっている可能性がありますので、この本を参考にされる際は事前に必ず最新情報をご自身でご確認くださいますようお願いいたします。

はじめに

まずは、この本を手にとってくださりありがとうございます。
食べ歩き系の動画をたくさん出していく中で、**「もっと色んなところに行ってほしい」**とか**「地元に来てほしい！」**という声をたくさんいただくようになり、
それならいっそ全部回っちゃおう！ということで始まったのが47都道府県食べ歩きの旅でした。
この企画には想像以上に大きな反響があり、私の動画を見て「行ってみたい！」「実際に行ってみた！」というコメントもたくさんいただきました。

この本には、**実際に自分が行って感じた**
リアルな旅の情報を詰め込みました。
なにより、この旅のほとんどが
視聴者さんからいただいた
「地元民のおすすめ情報」で成り立っているので、
本当に地元で愛されている場所やお店が
選りすぐられているし、
その土地のリアルな雰囲気や良さを
感じてもらえるんじゃないかなと思います。
動画に出た場所も出ていない場所も、
私を魅了した全国各地のスポットを
書き尽くせるだけ網羅したので、
よかったらみなさんも真似して
旅をしてみてください♡

コンテンツ

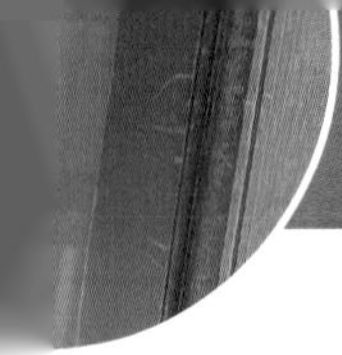

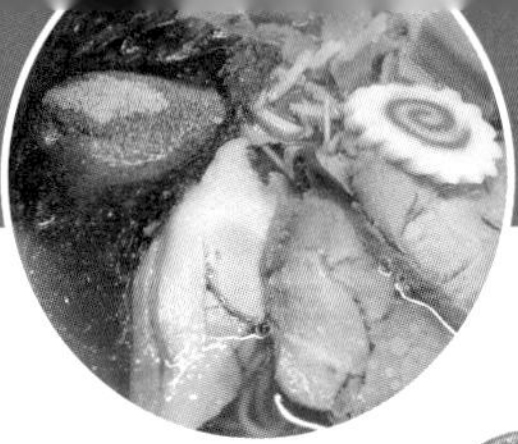

越後 十日町

コンテンツ

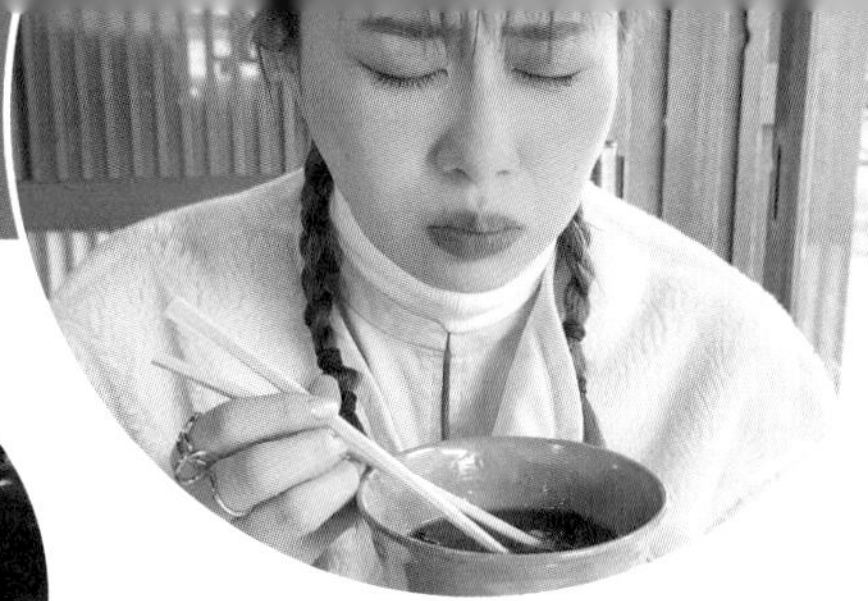

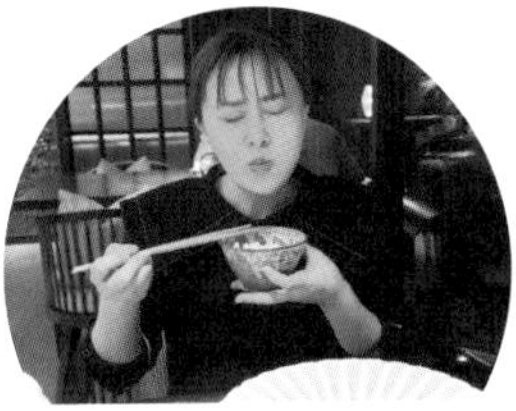

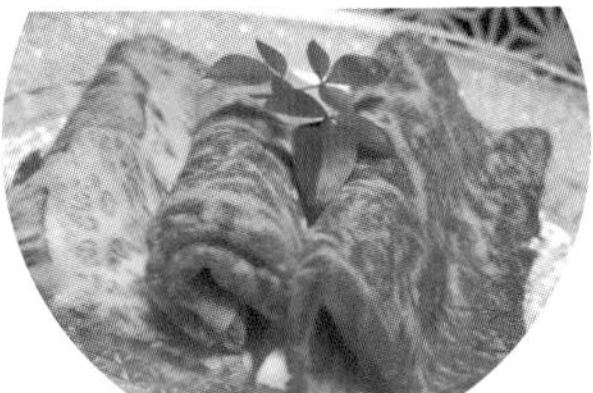

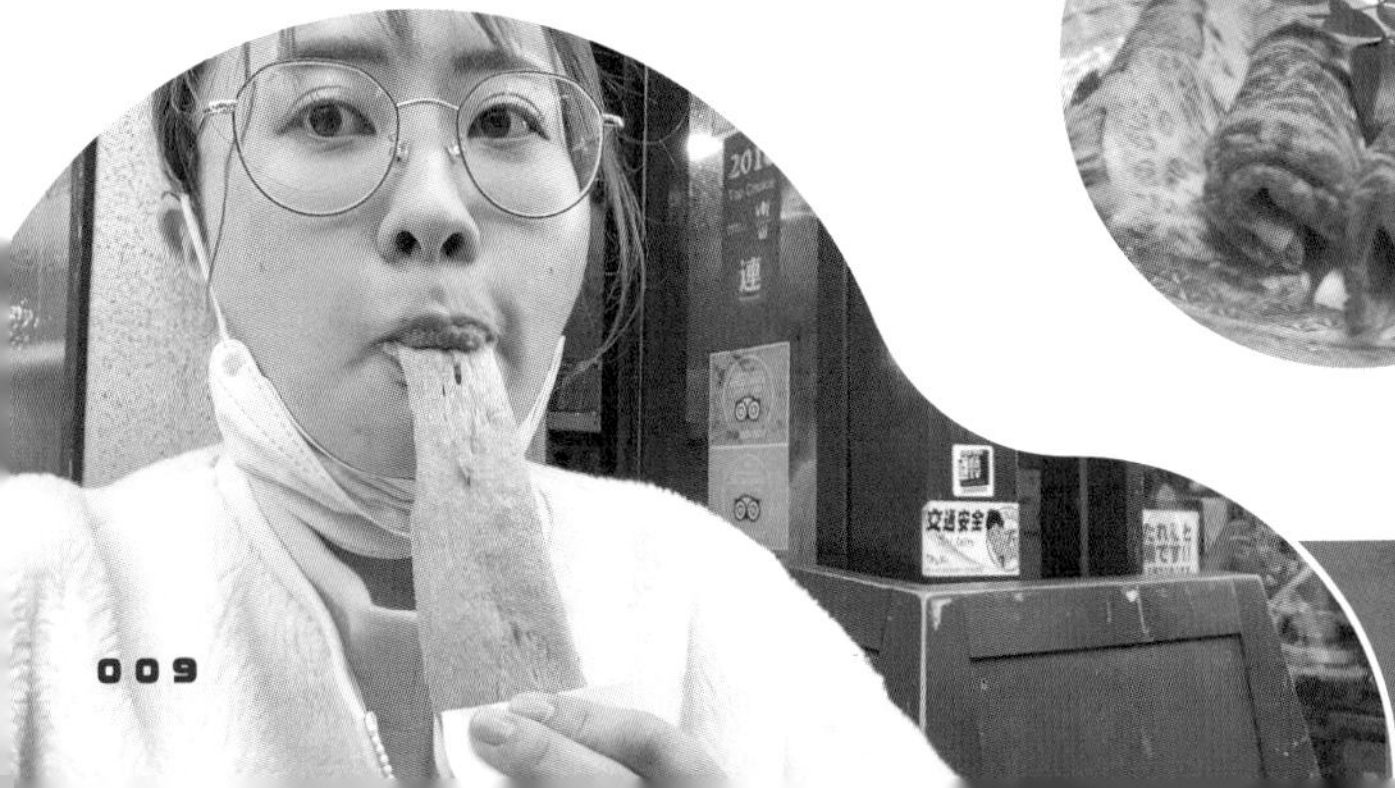

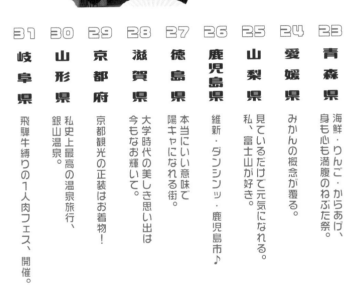

エミリンチャンネル

超個人的 47都道府県魅力度ランキング

EMILYN'S PREFECTURE RANKING

EMILYN'S PREFECTURE PERSONALIZED RANKING

＼もう一度／

食べたい味トップ5

1位 「薩摩《さつま》 蒸氣屋菓々子横丁《じょうきやかかしよこちょう》」の焼きドーナツ（茨城県）

2位 「スープホリック」のかぼちゃスープ（秋田県）

3位 「島の人」のウニいくらの2色丼（北海道）

4位 「相内《あいうち》商店」の鶏のからあげ（青森県）

5位 「伊豆の華」の揚げ茄子おろしそば（山形県）

1 どれだけ食べても飽きないので、一度これだけでお腹をいっぱいにしてみたいというのが今の私の小さな夢です。2 スープだけどメインディッシュでイケるほど。素材の旨味を凝縮したような濃厚さがたまらなかった。3 時価で高かったんですが、その価格すら上回る美味しさで衝撃でした。4 どれだけ長時間並んだとしても食べたいと思える味！　5 茄子は元々好きなのですがこれはレベチの美味しさです。夏に「暑いな～」と思う度にまた食べたいなと思い出します

＼もう一度／

行きたい場所トップ5

1位 銀山温泉（山形県）

2位 大内宿《おおうちじゅく》（福島県）

3位 青島（宮崎県）

4位 阿波おどり（徳島県）

5位 長門湯本《ながとゆもと》温泉（山口）

1 ノスタルジックで美しすぎる温泉郷で、特に夜景が素晴らしい！　包みこまれるような優しい雰囲気もあり、大好きな場所になりました。2「古き良き日本の夏」を具現化したような風景！　タイムスリップ気分を味わえます。3 散歩やサイクリングが楽しいし、フルーツも美味しい。日本なのに南国リゾートの気分が味わえる。4 テレビで見たことはあったけど、生で見る迫力は段違い。地域の活気や人の温かさを感じられました。5 お母さんを連れて行ってあげたくなるような居心地の良い温泉街

1人旅におすすめベスト3

1位 愛媛県
道後《どうご》温泉

2位 高知県
ひろめ市場&日曜市

3位 京都府
嵐山&清水寺《きよみずでら》

1 ここは実際に1人で来ているお客さんが多かったです。温泉街がコンパクトにまとまっているので、移動も楽ちん。2 ひろめ市場はテイクアウトできるし、日曜市は1人で気軽に楽しめます。3 いつも1人で行きますが、1人でも気兼ねなく遊べる！　アクセスの良さも◎

女子旅におすすめベスト3

1位 奈良県
近鉄奈良駅付近

2位 栃木県
宇都宮&日光

3位 三重県
おかげ横丁

1 すべてがちょうどいい！　女子が背伸びせずに等身大で楽しめます。2 臭いを気にせず餃子を食べまくってほしい。おしゃれなカフェもあるのが◎。3 食べ歩きフルコースをお腹がはちきれるまで楽しんでほしい。神宮でお参りして、旅館でゆっくりが鉄板コース！

家族旅行におすすめベスト3

1位 大分県
ハーモニーランド

2位 石川県
加賀 伝統工芸村 ゆのくにの森

3位 鳥取県
水木しげるロード

1 超穴場テーマパーク。混雑もないし自然も多いし、本当におすすめ。2 全部当日予約で参加できるし、天候に左右されない。ひがし茶屋街通りの散歩も楽しい。3 街全体がまるで鬼太郎のテーマパーク。親子ともに楽しめそうだし、家族で盛り上がれると思います

カップル旅行&デートに
おすすめベスト3

1位 長崎県
ハウステンボス

2位 埼玉県
西武鉄道「52席の至福《しふく》」

3位 沖縄県
瀬長島《せながじま》ウミカジテラス

1 ベタですが、ぜひクリスマスに行ってほしい。地元の人気店が入っているのでご飯も◎。 2 秩父観光後に食堂列車でロマンティックな食事をしながら帰るのが理想です。 3 実際カップルだらけで、2人の思い出の写真を撮るのに最高のスポットだと思います

番外編

旅で出会った
推しアニマルランキング

1位 大分県
くじゅうやまなみ牧場の鴨

2位 静岡県
伊豆シャボテン動物公園のチンパンジー

3位 茨城県
つくばわんわんランドの犬

1 大分旅行をきっかけに鴨が大好きになりました。純粋で、餌の紙袋のささいな音にも目をキラキラさせて反応しちゃうので、音を出さないように気を遣いました。本当にいじらしい！ 2 ちびちびと餌を食べるチンパンジーがいて、まるで自分を見ているような錯覚に陥りました。そのみみっちさがむしろ愛くるしい！ 3 犬のレースが最高。出走前にはしゃぎすぎて本番で力を発揮できない子がめっちゃ可愛い。波乱があって見ごたえのあるレースです

日光駅の前でおすましのエミリンチャンネル

鳥羽でミジュマルとにっこり2ショット

01

宮城県

2023.01.27 UPLOAD

MIYAGI

仙台に残してきた私の未練
～伏線回収編～

エミリンチャンネル47都道府県の旅、記念すべき1県目は宮城県。東京駅から仙台まで新幹線で行きました。基本的に仙台駅の近辺で1日過ごしたんですが、仙台駅の周辺だけで観光がしっかり完結できるのがいいな～と思いました。

今回、仙台に行くにあたってマストで食べねばと考えていたのが牛タン。そう、ザ・仙台名物の牛タンです。

実は芸人時代に仙台に営業に行ったことがあるんです。貧乏芸人時代なので、交通手段は高速バス。待ち時間に本場の牛タンを食べようと思い街をふらふらしたのですが、当時はお金がなくて食べられなかった。駅前も商店街も、いたるところにある牛タン専門店からめっちゃいい匂いが漂っているにもかかわらず。初めての仙台で、牛タンを食べずに帰った苦い思い出。今回、何年越しかでリベンジを果たせて本当に良かったと思っています。

そんなこんなで、ようやく本場の牛タンにありつけたわけなのです。事前に視聴者の方からおすすめを聞いたり、自分なりに調べたりもしたんですが、別の問題にぶち当たったんです。そう、仙台の牛タン人気店は、たいてい東京にもある問題。たしかに、本場で食べることや、本店に行くことに意味があるよね！という考え方もあります。でも、できればやっぱり仙台にしかないお店に行きたいというのが本音なのです。そんな中で奇跡的に巡り合ったのが、〈仙台にしかない〉と、〈視聴者さんからのおすすめ〉の両方を叶える**「牛タン焼専門店 司《つかさ》」**さん。平日のお昼にお邪魔したんですが、ちょっと並んだかな〜くらいで席につくことができました。平日ということもあり、ランチ休憩のサラリーマンや若い女の子、家族連れなど老若男女が集まっていて、これがソウルフードの求心力かとなんだか感動してしまいました。「当時はこの味が食べられなかったな」という万感の思いとともに噛みしめる本場の牛タンは、本当に美味しかったです。お肉は分厚いのに、柔らかくてカプカプと噛み切れちゃう。これは初めての感覚で、またしても感動してしまいました。とにかく、すごく美味しかった。それだけははっきりと覚えています。

その後、**「仙台朝市商店街」**にお邪魔したんですが、この朝市の**「齋藤惣菜店ころっけや」**でいただいたコロッケがめちゃくちゃ美味しかった！　ここは朝市という名前に反して朝以外に行っても営業しているところがポイントです。視聴者さんのおすすめで伺ったんですが、昼過ぎにそのお店だけあきらかに行列ができていたのですぐにわかりました。ここのコロッケは衣が薄くて、本来のじゃがいもの美味しさを楽しめるタイプ。寒かったこともあって、揚げたて・サクサク・ほくほくのコロッケに理由もなく涙が出そうになりました。お母さんの味を思い出した……いや、お母さんにコロッケを作ってもらった記憶がないな。気のせいでした。寒い中、外であったかい&美味しい食べ物をいただくと涙腺にくるあの現象に名前をつけてもらいたいです。

個人的に仙台で最もおすすめしたいのが、今更感があるんですが**ずんだシェイク**。芸人時代にスタッフの人に買ってもらった思い出の味というのもあるんですが、私が人生で初めて知った〈甘じょっぱい〉がずんだシェイクだったんです。その後の私の甘じょっぱいＬｏｖｅｒっぷりを鑑《かんが》みると、これは非常に大事な出会いだったと思います。このとき「これが甘じょっぱいの最高峰!!」と信じて疑わなかったんですが、なんと２０２３年現在もまだ不動の首位をキープしています。原点にして頂点。次点としてロイズのポテチが控えているのですが、そちらの紹介はまた北海道編で。

一応47都道府県の旅を始めるにあたって「東京にあるお店には行くまい」と決意したのですが、実はそんなずんだシェイクも今は東京の至る所にあるという情報を視聴者さんから教えていただきました。ということで、しょっぱなからマイルールを破ることになってしまったのですが、東京駅にも羽田空港にもあるそうなので、お立ち寄りの際にはぜひお試しください。なんなら大阪にもあるそうなので、関西の方もぜひ♡

02

奈良県

2023.02.18 UPLOAD

NARA

すべてがちょうどいい、女子が行くべきは奈良。

私の記憶が確かならば、奈良に行くのは修学旅行以来。大阪の仕事から在来線を乗り継いで、1泊2日を近鉄奈良駅近辺で過ごしました。

奈良の視聴者さんが異様に謙虚なのか、事前に「奈良には何もないですよ」と聞いていて、現地のタクシーの運転手さんからも「奈良に美味いものはなし」という話を聞いていたんですが、行ってみたら美味いものしかなくて、きっとそれは昔の話だったんだなという結論に至りました。

観光するのにバランスがいいというか、本当にすべてがちょうどいい。おしゃれだけど気張りすぎないカフェとか、狙いすぎてなくてインスタにアップするのにちょうどいいスイーツとか、とにかく「こういうのでいいんだよ！」のストライクど真ん中を撃ち抜いてくる感じなので、動画を撮っていてすごく助かりました。しかも、混雑加減もちょうどいい。有名な観光地で人が多すぎて動けないとか、すごく並ぶとか、それで疲れちゃうこともたまにあるんですが、人混みと言うほどじゃないけど、過疎ってもいないという本当に程良い塩梅です。

まず最初に食べたのが、近鉄奈良駅を訪れたらみんなが食べるであろう**「中谷堂《なかたにどう》」**のお餅。つきたてでほんのりあったかくて、すごく美味しかったです。ただ、どんなに気をつけていても体中きなこだらけになるので、それだけは気をつけていただきたいです。ステルスすぎていつまみれたのかもわからないレベル。結構気をつけていたのになぁ……。

そして、地元の人のおすすめで行った**「かっちゃんの大衆酒場theSTAND」**も激推しで、ここが何を食べても全部美味しい！　すべてが平均点を上回る高水準で、おすすめって書いてないメニューすらも全部めちゃくちゃ美味しいんです。昔、一瞬吹奏楽部にいたときに一度だけ強豪校と合同練習をしたんですが、個人練習をしている人がめちゃくちゃ上手で、私はそのとき「この人がエースなんだろうな」と思っていたんです。でも、その人はチームの中でもいい楽譜をもらえている方ではなくて、選手層の厚さに驚いて「これが強豪校のレベルか」と震えたことがあったんですが、かっちゃんはまじで食の強豪校でした。今、一瞬何の話が始まったんだと不安になった方、安心してください。奈良の話です。

そして、奈良といえば鹿！　鹿がすごく可愛かった！　大量の鹿せんべいを手にじっくりと観察していたんですが、それぞれ行動タイプが違って、〈つけ回しタイプ〉、〈一匹狼タイプ〉、肉弾戦で頭をぶつけてくる〈オラオラタイプ〉、後ろからかっさらう〈あわよくばタイプ〉、そして、出口付近で残ったせんべいをもらいに来る〈頭脳タイプ〉。奈良観光あるあるだと思うんですが、たいていみんな公園を出るときにせんべいがちょっと余っちゃうんです。頭脳タイプの彼（彼女かも）は残ったせんべいを確実にゲットしていたので、来世私が鹿に生まれ変わったら出口に控えるあの鹿になろうと思いました。間違いなくあそこが奈良公園で一番の良ポジションです。

　最近街全体が新しくなっている感じがしたし、わりと若い人も多くて、女子旅の行き先としてめちゃめちゃおすすめできる街でした。近鉄奈良駅付近が本当に便利で、宿泊したホテル**「いろはグランホテル」**も築浅ですごくきれい（しかもそんなに高くない！）だったし、徒歩移動だけで色々楽しめるところもとても良き。程良くおしゃれで、車がなくてもOKで、疲れたらタクシーも利用できて、かゆいところに手が届くような快適さと満足感。修学旅行の記憶を一掃して、次の旅の候補地にぜひ入れてみていただきたいです。

　それと、おしゃれで美味しいお土産もあります。**「おちゃのこ」**という和カフェで購入したやまと和紅茶がとても美味しくて、気の利いたまさにセンス系のお土産。ラテ用のほうじ茶とか、バラマキにピッタリの個包装のものもあるので、奈良旅行でセンスのいいお土産をお探しの方はぜひ行ってみてください。

03

三重県

2023.02.25 /03.29UPLOAD

MIE

食べ歩きのフルコースという新概念が爆誕しました。

三重は奈良から近鉄線を乗り継いで行きました。実は、この47都道府県旅を始める2～3年前からずっと「おかげ横丁に行ってほしい！」という声をものすごくたくさんいただいていて、日本全国の中でもトップクラスだったのでめちゃめちゃ楽しみでした。でも行ってみて、おすすめの声がこれだけ多かった理由がよ～くわかりました。

おかげ横丁は食べ歩きスポットとしての充実感がすごい。店の数ももちろん、出ている食べ物の種類もめちゃくちゃ多い！　そもそも三重は、松坂牛、伊勢海老、伊勢うどん、桑名のはまぐり、的矢《まとや》の牡蠣、伊勢茶に柑橘系フルーツなど特産品がすごく多いので、食べ歩きしながらセルフでフルコースをカスタムできるというボーナスステージ状態です。〈食べ歩きのフルコース〉という新たな概念が誕生したと言っても過言ではありません。しかも、店舗数が多いのでお互いしのぎを削って実力を高め合っているのか、どの店も全国トップクラス級にハイレベルでした。中でも特に忘れられないのが**「赤福本店」**の赤福ぜんざい。一番美味しかったんですが、おかげ横丁には注意しなければならないトラップがあって、食べる順番をミスってしまうとコースの途中でお腹がいっぱいになってしまうんです。私はここで一気に満腹になり、食べ歩きの道半ばでリタイアしてしまいました。これを無念と言わずして何と言うか。正直、悔しいです。

食べる順番が本当に重要で、赤福ぜんざいはシメだったのかもしれません。でも、これがまた難しいところで、後回しにしすぎると「もう餅は無理」ってなりそうだし、みなさんも自分の胃袋とよ〜く相談しながらコースを組み立てていただけたらなと思いました。ただ、赤福ぜんざいはおかげ横丁でしか食べられない（はず）ので、おかげ横丁に行ったらマストで食べていただきたいくらい激推しです。

おかげ横丁といえば**「伊勢神宮」**なわけですが、ここがまためっちゃくちゃ良くて。私はあまりスピリチュアルにあかるくないんですが、初めて「空気がキレイだな」っていう感覚を体験しました。それと、個人的に木を見るのがすごく楽しくて、めっちゃ太いのとか、幹がうねうねうねうねってなっている木に不思議な生命力を感じて、木を見るのが好きっていう自分の新しい一面に気づかされました。すごく元気になりますよね。木。

三重では**「旅荘《りょそう》 海の蝶」**という旅館に泊まったんですが、ここもすごく良きでした。伊勢近辺で程良くいい旅館を探すと、たいてい食事で〈伊勢海老と松阪牛〉みたいに肉と海鮮が両方食べられるプランが多いので、お得感がすごいんです。しかもそんなに高くないというか、私の感覚では都内で食べる半額か3分の1くらいの値段という感じでした。

伊勢神宮のあと、久居にある**「おやつタウン」**にも行ったんですが、正直舐めていました。工場見学くらいのつもりで行ったんですが、なかなかクオリティが高くてちゃんとテーマパークのオーラを放っていました。特に、揚げたてのベビースターラーメンがおすすめで、別に味の想像もつくし、「売っているのと一緒だろう」と思っていたんですが、これがめちゃくちゃ美味しかったです。市販のものと全然違って「揚げたてうまっ！」ってなったので、三重にお立ち寄りの際にはぜひ行ってみてほしいです。その日は雨が降っていたんですが、室内で子どもたちがハイテンションに駆け回っていて、子連れで行くのに最高の場所だなと思いました。私に子どもができた際にはぜひ連れて行きたいです。

今回は観光しなかったんですが、昔家族で鳥羽に旅行したときに、真珠のアウトレットみたいなお店で母にネックレスを買ってもらったことがあるんです。思えばそれが、私が初めて買ってもらったアクセサリーでした。小学生くらいの出来事だったんですが、それがめちゃくちゃ嬉しかったことを30歳になった今でも覚えているくらいなので、お子さんのいらっしゃる方は子どもの初めてのアクセサリーに鳥羽の真珠はいかがでしょう。

04

長野県

2023.03.17 UPLOAD

NAGANO

エミリンチャンネル雨女伝説の始まり、軽井沢。

長野は東京から軽井沢駅まで新幹線で1本。東京からはすごく行きやすい観光地です。長野県の食べ歩きでは、やっぱり「軽井沢に来てほしい」というコメントが多かったので、導かれるまま**軽井沢**に行きました。

とりあえず軽井沢駅のすぐ近くにある**「明治亭 駒ケ根《こまがね》本店」**へ。ソースかつ丼が有名みたいなんですが、これが本当に……これひとつでお腹がいっぱいになるくらいボリューミーでした。なのに、私は自分の胃袋を過信して、おそばと馬肉のセットを頼んでしまって、今世紀最大にお腹いっぱいになるという失敗をしました。**あの底なしの胃袋で名を馳せたエミリンチャンネルが。**つけ合わせのおそばもしっかり量があって、中学生男子でもワンチャン厳しいくらいのボリュームでした。ただ、本当に美味しかった……。「このソースでご飯3杯食べられる」みたいな白飯泥棒っぷりで、胃袋が満たされて幸せだったんですが、食べ歩きを目的にして行くという人は注文時に注意が必要かもしれません。

その後、**「ミカド珈琲商会」**というお店でモカソフトをいただきました。「有名で美味しいで

大松絵美作品 ▶

すよ」って視聴者さんから教えてもらったんですが、これが濃い味を食べた後にとてもちょうど良かった！ 甘さ控えめ＆ビターで、ちゃんとコーヒーの味がするソフトクリーム。大人向けの美味しいやつでした。甘いものが苦手な人でもこれならパクパク食べられると思います。コーヒー好きにはもちろんめちゃくちゃおすすめです。

一発目で胃袋をパンパンにしてしまい、初日は食べ歩きどころじゃなくなってしまったんですが、本番と意気込んだ2日目。**めちゃくちゃ雨でした。**後々の動画を見ていただいたらわかると思うんですが、ここが**エミリンチャンネル★雨女伝説の始まり**だった気がします。軽井沢で覚醒したんですよね。もしかすると、軽井沢はそういう神秘的なスポットだったのかもしれません。**時代が違ったら神ですからね。**雨乞《あまご》いの。

雨ということで予定を変更して、**「軽井沢ガラス工房」**にガラス細工を作りに行きました。こういう体験系って大体事前予約制なんですが、ここは当日でも入れた※ので、急遽雨が降ったときもおすすめです。みんなが想像する「ぷー」って口でふくらませるアレもできるし、いい意味で自由にやらせてくれる感じ。体験系にありがちな「これは絶対こうしてください」みたいなのがなくて、私の中に眠っていたクリエイティブ心が呼び起こされました。オプション料金を払えば柄も入れさせてもらえるので、かなりおすすめです。

※休日、夏季はWeb、電話での事前予約がおすすめです。当日の予約は電話対応。

その後、ちょっと雨が止んできたので「食べ歩きするならここが一番！」っておすすめされていた**「旧軽井沢銀座通り」**に。がしかし、思ったより閑散としていて「本当に食べ歩き通り？ 私異世界転生した？」と一瞬焦ったんですが、冬季休業や週末しか開けていないお店が多いみたいで、**冬と平日はめっちゃ注意**って感じでした。でも、歩いて行くと一気に栄えた場所に出られるので、明るい未来を信じて歩き続けていただきたいです。公式サイトやグーグルマップの情報が実際の営業日&時間と全然違うことがあって、コロナ禍前から店舗の情報を更新してないというお店が結構あったのでご注意ください。

ここでのおすすめは**「みっふぃー森のきっちん」**。ミッフィー好きにはたまらない感じ。売り切れでみんな諦めて帰っていたんですが、私がぐだぐだしている間に次の回が焼き上がって買うことができたので**諦めずに待ってみてもいいかもしれません**。色んな観光地にあるみたいなんですが、軽井沢限定のものもあって、個人的には結構刺さりました。

軽井沢は自然がたくさんあってゆっくり時間が流れているんですが、駅前に巨大なアウトレットがあったりして、いい意味での田舎さと、便利さのバランスがとても良き。人々がこぞって別荘を建てる気持ちがすごくよくわかりました。今のところ予定はありませんが、別荘を建てるなら私も軽井沢がいいなと思いました。

05

茨城県

2023.03.21 UPLOAD

IBARAKI

真冬のチキチキ★びしょ濡れ回避ゲーム。

茨城県は、水戸駅が結構大きいので水戸駅周りだけでも遊べると思うんですが、今回行きたい場所が離れていたので運転のできる編集者さんに同行してもらってレンタカーで行きました。

私の茨城県の目的地、それは**「アクアワールド茨城県大洗《おおあらい》水族館」**。サメ料理が食べられるという情報があったので、これは！ということで行くことにしました。水槽も大きいし、とにかく色んな規模が大きくてとても良い水族館でした。みなさん御存知の通り私はイルカショーが大好きなのですが**人気すぎて満席**。「ここまで来たのに⁉」ってなったんですが、課金して有料席を買えば観覧できるということで、当然のように課金しました。でも、課金をすると問答無用で前の列になってしまうんです。つまり、**ずぶ濡れの最前線**。**時期は2月**。「お金払って水を浴びせられに行くってこと⁉」と激焦りしました。10代の頃ならキャッキャしていた水濡れイベントも、30歳を目前にした私にとっては罰ゲーム。一応シートで水しぶきは避けられるのですが、イルカの水をシートで避け続けるゲームのようになってしまいました。すごく楽しかったはずなのに、戦っていた記憶しかないです。でも、本当に規模が大きくて、大変良いイルカショーでした。逆に、夏に子ども連れで行けば大人はシートで避けられるし、子ども達は水濡れを存分に楽しめて良きなのではと思いました。ただ、冬じゃなかった。それだけです。

で、これは未だに解けない謎なんですが、マンボウの専用水槽日本一の〈日本一〉が何を指すのかということ。大きさなのか、数なのか、水槽のクオリティなのか……。それがわからないまま1年近く経ってしまったので、もし有識者さんがいらっしゃったら教えてください。

水族館では視聴者さんにおすすめされた**シャークナゲット**を食べたんですが、白身魚みたいなんだけど、白身より柔らかくて、鶏肉感もあるというか、その中間くらいの食感ですごく美味しかったので、ぜひ試してみてほしいです。肉みと魚みの両方があってとっても不思議でした。クセもないし、普通のチキンナゲットが好きな方は絶対イケると思います。

その後は、**茨城県民のスタバ的存在で、茨城県民ならみんなが大好き**（※エミリン調べ）な**「サザコーヒー」**へ。県内にめちゃくちゃ店舗がありました。折角なので本店に行ったんですが、雰囲気がめちゃくちゃGOOD。これはデートにもいいし、女子会にもいいし、1

人旅で本を読むにもいいし、最高におすすめでした。静かにまったりしたい大人の方はぜひ。将軍・カフェラテをいただいたんですが、1杯850円とお値段はちょっと高めな代わりに、大ボリュームでミルクもコーヒーも濃厚。濃厚×濃厚みたいな感じでめちゃくちゃ美味しくて、ハマりました。品川駅に店舗があるので、最近は新幹線に乗るたび「サザコーヒー」に通うくらいのハマりっぷりです。

お次は、**「つくばわんわんランド」**という犬と猫のテーマパークに行ったんですが、ここに小型犬のレースショーというのがあるんですよ。5匹くらいのわんちゃんが走って、誰が一等賞になるかみたいな。予想が当たったらぬいぐるみがもらえるという熱い戦いなんですが、私これ結構な有益情報を出せると思っていて。最初の選手紹介でどの子を応援するかを決めるんですが、その時点で何匹かめちゃくちゃ元気な子がいるんです。「おれ、めっちゃ走りますよ!!」みたいな。でも、その子たちは本番では全然で、2回レースを見たんですが、どちらも同じ結果でした。多分、紹介ではしゃぎ尽くして疲れちゃうんですよ。素直すぎて。で、おとなしそうに力を溜めていた子が「今は温存だ。レースでしっかりキメてやりますよ」って動きをするので、一番おとなしい子に賭ければ勝てます。今後、わんわんランドにに行って紹介時にやたら元気じゃない犬がいたら、その子が大穴なので全ベットしていいと思います。ただ、絶対に責任は取れません。個人による主観です。

06

北海道

2023.03.22/03.23 UPLOAD

HOKKAIDO

必ずまた会いに行くね、ウニ。

北海道は**人生初の夜行フェリー**で行きました。実は私、移動手段を楽しむ系の動画にハマっていて、その中で見ていた夜行フェリーに憧れていたんです。お部屋は「本当に船？」みたいな感じで、まじで普通にホテルでした。新幹線や飛行機で移動すると結構疲れちゃったりするんですが、このフェリー移動においては疲れを一切感じませんでした。たしかに飛行機に比べると時間はかかるけど、その分楽しめる時間が増えるので超おすすめです。

札幌に着いてからリクエストが断トツに多かった**「回転寿し　トリトン」**に行ったんですが、**待ち時間が1時間半以上！** 朝から何も食べてなかったので、腹ペコすぎてやむなくトリトンを諦めました。東京にもあるみたいなので何とかリベンジしたいんですが、東京の店舗も2時間待ちとかでなかなか行けず。いつか絶対食べてやるからね、トリトン。

そのまま回転寿司を求めて**「なごやか亭」**へ。私の仲良しの美容師・SHIMAの大ちゃん（北海道出身）のおすすめのお店です。ここは本当に何を頼んでも美味しい！ありがとう大ちゃん。目の前で握ってくれるシステムなんですが、店員さんがめちゃくちゃ元気で活気がすごかったです。こぼれいくらを頼んだら「わっしょい！わっしょい！」言いながらいくらをよそってくれるんですが、それが何か照れくさいというか嬉し恥ずかしいんですけど、やっぱり嬉しいみたいな。自分のために掛け声を上げてくれるっていうのは嬉しいものなんですね。**シャンパンコールを楽しみに通うホス狂いの人ってこんな気持なのかなって**

思いました。
夜は**小樽**《おたる》へ移動して、小樽運河を見てちょっとうっとりしてからデザートのアイスを食べに行きたかったんですが、マジでどのお店も軒並み閉まっていました。20時位だったんですが、冬は早めに閉めるお店が多いみたいで、空いている飲食店がほとんどなかったです。折角来たからには何か食べたいと徘徊《はいかい》したんですが、どこも閉まっているし、寒さも相まって心が折れそうになりました。そんな中、雪の中に凜と佇《たたず》むポストに遭遇。雪に埋もれそうになりながら必死で自我を保っているポストに自分の姿が重なり、何とも言えない気持ちになりました。**結局小樽では何の結果も残すことができず**……無念。
札幌に戻ってから**「山中牧場」**のソフトクリームを食べたんですが**「牧場という名前のついたソフトクリームは絶対に美味しい」**という私の定説通りめちゃくちゃ美味しかったです。その後、深夜ラーメンをキメに**「輝風」**《きふう》へ。ここでも極寒の中30分位並ぶわけなんですが、冷えた体に熱々の味噌ラーメンが染み渡りました。カウンター席オンリーのお店なのですが、みんな黙々と食べていて、私も終始無言を貫きました。行列ができているからみんなぱっと食べてぱっと出ようみたいな配慮なのかもしれません。それがなんだかいいなと思いました。**優しさが染み渡る味噌ラーメン**で心身ともにリセットです。
2日目は**「白い恋人パーク」**に行ったんですが、ここは白い恋人に挟まっているクリーム味のアイスと、チョコレートドリンクが最高に美味しいんです。特にアイスは私の中で**ソ**

フトクリームランキング1位を更新しました。おめでとうございます。濃厚なミルクの素材を感じる味わいに白い恋人の風味が絶妙なバランスで加わって、互いの良さを最大限に高め合っていました。チョコレートドリンクは甘さ控えめで本格的なチョコを感じる味わいで、**これを作った人は紛れもなく天才。**札幌駅の自販機でも買えるらしいんですが、パークの店員さん曰く売り切れ続出で買えたらラッキーくらいの人気商品らしいです。この日のお昼に食べた**「SOUP CURRY KING」**のスープカレーも美味しかったです。めちゃくちゃボリューミー。**結論、北海道には美味しいものしかありません。**

帰りの新千歳空港内で**「ロイズ チョコレートワールド」**に立ち寄ったんですが、私は工場見学が大好きなので、頑張ってお仕事をしているロボットを「えらいな~」と眺めてニコニコ。そして、ロイズと言えば甘じょっぱい界隈のボスとして私が一目置いているポテトチップチョコレートなわけですが、もちろんしっかりと購入して帰りました。

北海道ラスト飯は空港内の**「島の人」**へ。時価というめちゃくちゃ怖い価格設定のウニいくらの2色丼をいただいたんですが、**30年の人生で食べたウニの中で一番美味しかったです。**私の中のウニの概念が完全に覆されました。その後も何度かウニを食べましたが、未だにあのウニを超えてくるウニには出会えていないので、あのウニだけのためにまた新千歳空港に行きたいと思えるぐらい美味しかったです。いつか絶対また会いに行くからね。そのときまで待っててね、ウニ。大好きだよ、ウニ。絶対迎えに行くからね、ウニ。

07

埼玉県

2023.04.08 UPLOAD

SAITAMA

都内から気軽に行ける埼玉は、とんだエンタメ王国でした。

埼玉は、みなさんご存知**「西武園ゆうえんち」**に行きました。日曜日だったんですが、混みすぎてないってのが印象的で、ガラガラでもなく、それなりに人はいるんだけどめちゃくちゃちょうどいい盛り上がり感というか、とっても程良い人の入り具合でした。

西武園ゆうえんちには**「夕日の丘商店街」**というスポットがあるんですが、入るなり独り言を言いながら歩いている怪しい男の人がいて、エミリンチャンネルは密かにビビっていました。「えっ……何？」と思っていると、今度は突然セットの台の前に立って「バナナの叩き売りするよ〜」って言い始めたんです。実は、西武園ゆうえんちでは昭和の町の雰囲気を再現するために劇団員の人が役に入り込んだ状態でお客さんに紛れ込んでいるらしいんです。その人達がめっちゃ新鮮で、本当に面白かった！　でも、知らずに行ったので、最初はシンプルにめっちゃ怖かったです(笑)。昭和の町からタイムスリップしてきたかのような人々は、最初から最後まで役に入り込んでいるので、それだけでもずっと見ていられるくらいとても良き時間でした。実は、雰囲気が楽しめればいいかな〜という気持ちで15時くらいから行ったんですが、全然時間が足りなくて朝イチから行けば良かったなと後悔しました。

あと、ひとつ注意点なんですが、西武園ゆうえんちには独自の通貨があって、そこでは**日本円を〈西武園通貨※〉に両替しないといけないんです。**1西武園＝12円で、3600円が300園になるんです。あらゆるものが当時の値段を再現して売られていて、買い物するたび「10西武園が120円で、コロッケは360円……う〜ん、ちょっと高い！」みたいに自分で換算しないといけないので、頭を使います。でもおかげで後半はすっかり異国に紛れ込んだような気分になりました。


ちなみに、食べ歩きをした商店街のお店や屋台の食べ物は全部美味しくてクオリティが高かったです。コロッケもあつあつのほくほくで、お団子もできたてで、味もしっかりこだわって作っているんだろうなと感じました。テーマパーク価格ではありますが、**昭和のあったかくて懐かしい味を美味しくいただけるので本当におすすめです。**

それと、ここは遊びに来ている子ども達が本当に可愛い！　八百屋さんのマネをしたり、お買い物体験ができるので、エミリンチャンネルも大好きな『はじめてのおつかい』みたいなことをしていたり、とにかくすごく微笑ましくていいなと思いました。ここも将来子どもができたら連れていきたい場所に認定されました。おめでとうございます。

実は別の日に**秩父《ちちぶ》**にも行きまして、**『あの日見た花の名前を僕達はまだ知らない。』の舞台**

※西武園通貨のシステムは2024年3月をもって終了となりました。

で有名な場所なんですが、想像以上にまんま「あの花」で、人々がアニメの聖地巡りに行く理由がわかりました。こんなに再現度が高いんだ！って。秩父は「あの花」の世界にするんと入り込めたような気分になれたので、おすすめです。自然も最高で、そんなに遠くないのに「地方に来た！」っていう旅感をしっかり味わうことができました。

そして、何故私が秩父に行ったのかというと、西武新宿から西武秩父へ向かう**「52席の至福《しふく》」**という食堂列車があるんです。事前予約が必要な動くレストランで、シェフも乗っていて、列車なのにコース料理が食べられるという最高っぷり。ご飯のクオリティも高くてサービスも行き届いているので、個人的なデートのおすすめプランなんですが、①とりあえず秩父に遊びに行って、②最後普通に帰ると見せかけて、③列車ディナーでサプライズ。これがキマれば世の中の女子はメロメロになると思うのでぜひ試していただきたいです。でも、失敗しても何の責任も取れないのでそこのところはよろしくお願いいたします。

埼玉は、近いけどあんまり行ったことがなくて、「イメージがあんまりないな」というのが埼玉のイメージだったんですが、東京から気軽に行けるのに秩父みたいに自然がちゃんとあって、遊園地もクオリティが高くて、観光にもいいんだってことを今回の旅で知ることができました。大収穫。

08

千葉県

2023.04.16 UPLOAD

C H I B A

関東のカップルが集結するサービスエリア・海ほたる。

「千葉県でおすすめの場所は？」と聞かれたら、私は迷わず行きつけの「舞浜」と答えたいところではあるんですが、それではエミリンチャンネルの日常回になってしまうので、今回の旅では前々から行ってみたかった**「海ほたる」**という巨大サービスエリアに行ってきました。

元々、視聴者さんから「海ほたるに行ってほしい！」というリクエストは結構あったんですが、その中でも1人とっても印象的なDMをくれた方がいて「初めてできた彼氏とのドライブデートで海ほたるに行ったんですが、レストランも展望台から見る景色も最高だったので行ってみてください！」とのこと。いいじゃないですか、初デート。読んでいるだけでキュンキュンするような甘酸っぱさに私のハートは鷲掴みにされてしまい、これは真似しよう！となったわけです。が、当日はしっかり大雨。春の嵐的なやつなんですかね、空は黒く、海は荒れていたので展望がお世辞にもきれいとは言えなかったんですが、果てしなく広がる黒い雲、頬を打つ雨、荒ぶる海、ある意味ドラマティックな景観でした。

折角なので、視聴者さんの心のウキウキ感を再現しようと思いガブガブ（※我らがタナカガのブランド）のおニューの服を着ていったんですが、当たり前に服もビシャビシャになりました。ごめんね、タナカガ。

着いてみると客層的にはカップル多め。時期的なものもあるかもしれないんですが、免許取りたての大学生みたいなグループが多かったです。全体的に若い人が多いなという印象でした。

そして、色んなお店が入っているのでどれを食べようか本当に迷ったんですが、今思うとあの迷っている時間そのものが楽しいんですよね。そういうところもデートにぴったりというか、サービスエリアの魅力のひとつなんだなと感じました。

それでは、海ほたるでエミリンチャンネルの心を最も掴んだ食べ物を発表します。ずばり、**「シーフェアリー」**というお店で食べた**あさり焼き**です。たこ焼きの中身がたこかあさりかっていうだけの話なんですが、絶対にたこの方が美味しいじゃないですか。少なくともこのときの私はそう思っていたんですよ。でも、海ほたる限定という言葉と、千葉の名産という話を聞いたので、ハーフ&ハーフで注文してみました。食べてみたら、結論まさかのあさりの勝利。意外にもあさりの方が美味しかったんです。ぶっちゃけ、全部あさり焼きにしておけば良かったなと思いました。まず、貝の出汁がすごい。何の貝が入ってたんだろう……あ、あさりか。身だけじゃなく、生地全体にもあさりの出汁というか、貝のエキスが行き渡っていて、悔しいことにあさりの完全勝利だったんです。もちろん、たこ焼きも普通に美味しいたこ焼きだったんですよ。でも、生地を口に入れた段階で「貝だッ!!」ってなるあのインパクト。みなさんも海ほたるに行った際にはハーフと言わず、全部あさり焼きでいってみてもいいかもしれません。お腹が空いていたから空腹マジックだったのかな？なんかすっごい美味しかったんですよね。

海ほたるを出た後は**「三井アウトレットパーク 木更津《きさらづ》」**に寄ったんですが、そこに隣町にある**「マザー牧場」**のソフトクリームが売っていて、マザー牧場に足を運ばなくても食べられるなんて！とテンションが上がりました。もちろん、めちゃくちゃ美味です。これは47都道府県回った私が足で稼いだ情報なので間違いないんですが、**「●●牧場」って名前のソフトクリームとアイスクリームは全部美味しいです。**まじ、これに関しては一度も失敗したことがないので、この情報は信じていただいて大丈夫です。悩んだときは「●●牧場」って冠のついた商品を買っておいたら間違いないです。ご参考まで。

09

富山県

2023.04.22 UPLOAD

TOYAMA

ブラックラーメンに学ぶ、「ギリギリを攻める」という美学。

富山県は確か休日に行ったんですが、1〜2時間先まで新幹線が全部満席で取れなかったんです。何故なのかはわからないんですが、富山までの新幹線が今大人気っぽいです。1時間後くらいのやつで少し空いているくらいだったので、本当にすごい人気っぷり。これはさぞ魅力たっぷりなんだろうという期待が高まりました。

そんなこんなで期待の高まる富山旅、今回も視聴者さんの口コミと食べログ、グーグルマップを駆使してしっかり下調べをしてから行きました。ちなみにこれは前フリです。富山は「旬の地魚のお寿司が美味しい」と聞いていて、富山湾で捕れたお魚がおすすめなんだそうです。で、目当てのお店に向かうわけなんですが1軒目は準備中（中休み）。食べログもグーグルマップも営業中の表示なのに。2軒目は臨時休業。3軒目にしてようやくお店に入れたんですが、例のアレですよ。長野で感じた「地方のお店、何の告知もなく休む説」でしっかりダメージを食らったのが富山旅でした。旅先でお目当ての店がある場合は、やっぱりネット情報に頼りすぎない方がいいみたいです。公式サイトすら間違っていて「更新してないんだ〜ごめんね〜」みたいなノリのところも結構ありますし、最初から「行けたらココ行きたいね〜」くらいの心持ちで行くか、あらかじめ電話で予約か、営業状況の確認をして行くのがベストかなと思います。

そして、その3軒目の**「鮮魚 魚廣《うおひろ》・富山湾食堂」**でお寿司の握りセットを食べたんですが、名前を聞いたことがないどころか、覚えることすらできないようなはじめましてのお魚達が次々と出てくるんです。それがどれも全部めちゃめちゃ美味しい！　何のお魚のお寿司なのかはほとんど覚えていないんですが、どれも新鮮！っていう感じでとても美味しかったです。ただ、白海老のお寿司が美味しかったということだけははっきり覚えています。イカをクリーミーにしたような食感で、うんまっ!!ってなりました。

食後のおすすめは、**私のマブダチこと専属美容部員、アットコスメの村井さん**（※元富山勤務）から教えてもらったんですが、**「放生若狭屋《ほうじょうわかさや》」**というお店のかりんとうまんじゅう。これがめちゃくちゃ美味しいんです。素朴な味で、揚げドーナツの表面をかりんとうにしたみたいな。カリッカリなんだけど、内側にちょっとだけふわふわを残していて、しかも揚げたて、みたいな。想像できますよね？　結構たくさん入っているのでコスパも良いし、ベビーカステラみたいに無限につまめちゃうので超おすすめです。

そして、富山県には世界一のスタバがあるんです。店の美しさか何かが世界一らしく、お花見シーズンということもあってとんでもない大行列。待ち時間が書いてあったわけじゃなかったんですが、推定40~50分レベルの行列でした。ただ、これには裏技がありまして、普通にモバイルオーダーが使えるんですよ。なので、私は10分くらいですっと受け取れました。私はたまたま知っていたから良かったんですが、知らなければ後ろの予定が丸潰れになっていてもおかしくなかったので、モバイルオーダーの偉大さを改めて実感しました。あまりにも頼れる。私、将来モバイルオーダーと結婚したいです。

旅の締めに**「麺屋いろは」**で富山名物のブラックラーメンを食べました。見た目と名前の厳《いか》つさから勝手に味が濃いと思ってたんですが、食べてみたら色も濃いし味も濃いのに全然しょっぱくなくて、見た目に反して何故かあっさりっていう絶妙なところをついてくる不思議なラーメンでした。コクも旨味もしっかりあるのに脂っこくないみたいな。こういうのを〈天才的なバランス〉って言うんだと思いました。少しでもバランスが変わると味が変わってしまう、すべてが絶妙な均衡を保ちながらこの美味しさを成立させていて、ギリギリを攻めて評価を得ているところが本当にすごい。そういった意味で、個性的で素敵！と思えるギリギリのところを攻めておしゃれを成立させている菅田将暉はすごいんだなって、改めて思いました。

10

群馬県

2023.04.29 UPLOAD

GUNMA

こんにゃくパークで触れた、優しさのサークルオブライフ。

群馬は草津温泉に行きました。移動があるので車旅。ですが、この日もめちゃくちゃ大雨で、かっぱを着て傘をさすという二段階装備でやっと防げるような大雨でした。しかも4月なのに雨に氷が混じるくらいめちゃ寒という二重苦で、振り返ると自分がかわいそうになってくるレベル。私が一体何をしたと言うんだ。

草津は人生で2度目だったんですが、やっぱりお気に入りの温泉です。中でも一番美味しかったのが、**「草津ガラス蔵1号館」**で食べられるリアル温泉で作った温泉たまご！ 言語化が難しいんですが、黄身のとろとろ加減とか、ぷるっとした食感とか、温泉ならではの風味とか、人生で食べてきた中の温泉たまごランキングの1位を更新しました。おめでとうございます。

お昼ご飯は、圧倒的に美味しそうなサムネ（※店頭の写真のこと）が大優勝の**「湯川テラス」**さんへ。上州《じょうしゅう》牛といくらの贅沢ひつまぶしというメニューがあって、3800円でランチとしては結構高いし、これでサムネ詐欺だったらショックが大きいな〜と思いながら勇気を出して頼んだんですが、これが言葉を失うほどの美味しさ。しかも見た目もサムネ通りなんです！　料理って大体写真のほうが盛れてるじゃないですか。でも、そのまんま。「釣りじゃなかった！　ありがとう！」という気持ちでいただきました。牛のひつまぶしがそもそも珍しいし、後半は薬味をたっぷりかけてお茶漬けにして食べるという2度楽しめる牛丼というのがすごく良かったです。名前の通り贅沢価格だけど、本当に頼んで良かったと思える一品でした。

温泉街から移動して、**「こんにゃくパーク」**というところにも行ったんですが、ここが本当に謎のシステムで、とりあえず入場料が無料なんです。それで見学ができて、こんにゃくバイキングの無料チケットまでもらえちゃうんですよ。無料《タダ》なのに。だから、バイキングと言っても試食みたいな感じかなと思っていたら、これがめちゃくちゃがっつり食べられるんです。こんにゃくのおでん、煮物、ラーメン、すき焼き、焼きそば、ステーキ、からあげなどなど。こんにゃくのプリンやゼリーもあって、まるでビュッフェのよう。本当にこれが無料でいいの？という気持ちになるんですが、このからくりはその後すぐにわかりました。ここまで無料で至れり尽くせりされてしまうと、心の中に「流石《さすが》にこれで帰るのは申し訳ない」という気持ちが生まれるんですよね。そこで登場するのが最後のお土産コーナーです。これまで食べたものが全部売っているんですよ。ここまでしてもらってという申し訳なさもあるし、このまま帰るのもな〜という気持ちもあって、ありえないくらいたくさん買ってしまいました。そして、他のお客さんも同じように爆買いしていて、もしやこれはひとつのビジネススタイルなのかもしれないと気づいたんです。優しさと恩返しの食物連鎖みたいな。みんなの気遣いや優しい気持ちがこんにゃくパークの運営を支えているんだなということにほっこりしました。お土産売り場にも色んなユーモアや仕掛けがあって、クレーンゲームとか詰め放題とか遊び要素もしっかりあって、テーマパークとしてもしっかり楽しめるのでおすすめです。これはできればなんですが、これから訪れる人にも無料のバイキングだけで帰ることなく、恩返しの気持ちをこれでもかとパークに返していただきたいなというのが私のささやかな願いです。

余談ですが、帰りにちょっとした奇跡が起きました。**「道の駅ららん藤岡」**に寄ったんですが、ここがたまたま最初の本のロケで行った場所で、思いがけずとてつもなくエモい気持ちになりました。予期せず突然現れた元彼みたいな。「覚えてる？　あのときの！」みたいなソワソワした気持ちになりました。その撮影のときに食べたラーメンを食べて、エミリンチャンネルの聖地巡礼をエミリンチャンネルがやるということで美しく締まった群馬旅でした。

▼これです

11

栃木県

2023.05.05/05.05.06 UPLOAD

TOCHIGI

みんな違ってみんないい、餃子は特別なオンリーワン。

栃木県と言えば宇都宮、宇都宮と言えば餃子です。宇都宮駅の周辺だけでたくさんの餃子を食べ比べできるというところが良きでした。ちょっとバスで行けば餃子屋さんがたくさん集合している地域にも行けるし、「サクッと餃子食べに行くか！」みたいな気持ちで気軽に行けるなと思いました。

「宇都宮に餃子食べに行ったよ〜」と言うと、「どこが美味しかった？」と聞かれることが多いんですが、一番を決めるのが難しすぎる。皮が薄くてパリパリの子、皮が厚めでもちもちな子、肉感が強くてジューシィな子、野菜たっぷりでシャキシャキな子。どれもそれぞれが特別なオンリーワンで、この中で誰が一番だなんて私には決められない。最終的には個人の好みになってしまうのかなというのが私のエミリンチャンネル宇都宮餃子杯の結論です。

1軒目は駅ナカにある**「餃子といえば芭莉龍《バリロン》」**。ここは食べログの評価が高かったので行ったんですが、皮が薄めでお肉がジューシィという組み合わせ。ぷりぷりのピンクのお肉で、まるでベーコンみたいでモギュモギュ感があって美味しかったです。店員さんにおすすめされた酢コショウのつけだれもさっぱりしていて最高でした。

2軒目は、こちらも駅ナカの「宇味家《うまいや》」。居酒屋っぽい雰囲気で、佐野ラーメンも美味しそうだったけどここは我慢。ここの餃子は焼き目がきれいで外がカリカリ、中ジュワッ。タレが濃い目でガツンと来る味なので、いくらでもパクパク食べれてクセになる美味しさでした。ここは「タレ＋ラー油＋酢をお好みで」とのことでした。

3軒目は地元の視聴者さんからおすすめしてもらった「餃天堂《ぎょうてんどう》」。創作餃子系です。水餃子が人気みたいで、自分で酢醤油で味つけしながらスープ餃子みたいにして食べるシステムでした。生地は白玉団子みたいな食感でツルツルもちもち！　もちもち系好きの人は絶対にハマると思います。焼き餃子はマヨ七味でいただいたんですが、小籠包くらい肉汁が詰まっていて、ブシャー！ってなるので気をつけていただきたいです。

4軒目は「宇都宮みんみん」。老舗《しにせ》で、みんなに愛されてきたんだな～という感じがして、老若男女幅広い客層でした。そしてお味は「これぞ餃子！」という感じ。皮は薄めで外カリ&中ジュワ！　私達がイメージする理想の美味しい焼き餃子そのもので、個人的には一周回ってこれが一番好みだったかもしれません。

日光 栃木

そして栃木はもう1箇所、電車で日光に向かい**「ザ・リッツ・カールトン日光」**に泊まりました。人生で一度泊まってみたかった憧れのリッツ。都内は厳しくても「日光ならまだましだよ」って教えてもらったので、初リッツをキメてきました。初の自腹超高級宿です。バリバリゴージャスのセレブの化身みたいな人達ばかりなのかと思っていたら、客層は意外と庶民的。普通の服を着たファミリー層や若いお兄ちゃんたち、どういう関係？みたいな男女など、思っていたより庶民的な雰囲気で居心地が良かったです。もしみなさんが自分へのご褒美や誰かへのプレゼントで奮発して泊まろう！ってなっても、気張ることなく居心地良く過ごせると思います。本当におすすめ。

実は、別の日に**日光さる軍団**がどうしても見たくて、追い日光で**「おさるランド」**へ行ってきました。**さるフォーキャッチャー**などとても楽しい催しがたくさんあったんですが、ここではおさるさんとエアホッケーができるんです。それで普通にめちゃめちゃ負けて。そもそもおさるさんがめちゃくちゃ強いんですが、さすがに悔しくて2回戦を申し込むも、これまた完敗。対戦相手のおさるさんも完全に私を舐めていて「あ〜もうだるいわ〜」みたいな感じでサボり始めるわ、それで飼育員さんに叱られるわもうてんやわんやのぐだぐだに。雑魚《ざこ》相手に2回もホッケーをやらされた上に無駄に怒られて、本当に申し訳ないことをしたと思っています。ごめんね、あのときのおさるさん。

12

兵庫県

2023.05.12 UPLOAD

HYOGO

聖地巡りのマストスポット、本邦初公開です。

兵庫県は私の地元なので、どのエリアにもおすすめできる場所がたくさんあるんですが、今回の旅では家族旅行でもよく行ったし、私が好きな場所でもある淡路島《あわじしま》に行くことにしました。

実は今、淡路島がめちゃめちゃ盛り上がっているんです。新規開発が進んでいるので私が全然知らない淡路島になっていたんですが、もちろん昔から好きだった良さもしっかり残っていたので懐かしくも新鮮という印象でした。至る所でキティちゃんとコラボしていて、今回泊まったのも**「グランシャリオ北斗七星135°」**の**「ハローキティ 星のコクーン」**というお部屋。まじで隅々までキティちゃんだらけで最高でした。

淡路島は**「HELLO KITTY SHOW BOX」**というショーが観られたり、**「のじまスコーラ」**という小学校をリノベーションした施設の中におしゃれなごはん屋さんがあったり、その中の**「のじまベーカリー」**というお店の動物パンが見た目だけじゃなく味もめちゃくちゃ美味しいし、色んなところが私好みでウキウキどきどきワクワク状態。一緒に行った姪っ子ちゃん達もすごく喜んでくれたので、本当に行って良かったなと思いました。

昔は両親に連れて行ってもらう側だったのに、今は私が連れて行く側になったんだなと実感して、少しエモーショナルな気持ちになりました。ヴェルタースオリジナル現象。

そして、動画では新鮮なリアクションができないかなと思って行かなかったんですが、今回は本ということで地元の明石《あかし》も紹介させてもらえればと思います。簡単に3つほどご紹介します。

まず、駅前にある**「魚《うお》の棚《たな》商店街」**にぜひ行ってほしいです。ここは明石の地魚や特産品がずらーっと並んだ市場みたいなところで、100店舗以上のお店が入っているんですが、小学校の頃に校外学習で〈お母さんから500円もらって魚の棚でお買い物をする〉という一大イベントがあって、**今思えば私の〈はじめてのおつかい〉は魚の棚。**エミリンチャンネルの聖地と言っても過言ではないかもしれません。新鮮なお魚や、ねりもの、天ぷらやいかなごのくぎ煮など色んなものを売っているんですが、お店の人がみんなめちゃくちゃ気前が良くて、「試食だけでも食べてき〜」みたいな感じで話かけられたりするので端から端まで歩くだけでほっこりするし、試食だけでお腹がいっぱいになれるくらい身も心も充実します。ここに行くだけで関西の市場の空気が味わえると思うので、明石の食べ歩きにおすすめです。

おすすめその2が**「菊水鮓《きくすいすし》」**。私の地元の友達なら全員「菊水」で通じるくらい知られていて、お寿司が美味しいんです。結構お高めなので、私が地元にいた頃はお祝いごとや記念日にたまに行く程度だったんですが、ここにはちょっと特別なエピソードがあって。吹奏楽をやっていたときに、地域の祭りに参加してお手伝いしたらご褒美に菊水の巻き寿司をもらえる的なイベントが1年に1回くらいあったんですよ。当時の私は**「今日は菊水の巻き寿司がもらえる日だ！」**ってものすごく楽しみにしていて。どういう経緯でもらえたかはよく覚えていないのに、その巻き寿司が本当に美味しかったという記憶だけはしっかりはっきり覚えているので、エミリンチャンネルの思い出の味です。

3つめは**「山陽《さんよう》たい焼」**。駅の中に入っているので、友達と別れ際に大体「たい焼き食べない？」って流れになったり、高校のとき初めてできた彼氏と明石公園まで歩いて行って食べたり、お父さんが仕事終わりにたまに買ってきてくれて家族みんなで食べたり、とにかく思い出深いたい焼きです。しかも安いんですよ。当時は確か数十円で、今は100円くらいかな。それで結構種類もあって、その場で焼いて焼きたてを提供してくれるシステムなので、味もハイクオリティ。**シチュエーションも含めて青春の味**という感じでエモい気持ちになれると思うので、本当におすすめです。

思い出補正もかかってるかもしれないんですが、この3つはエミリンチャンネルを育てた味なので、聖地巡りをしてくださる方がいたらぜひ立ち寄ってみてください。

13

神奈川県

2023.06.25 UPLOAD

KANAGAWA

日本一どん欲な鯉達のいる鎌倉。

※エミリンチャンネル調べ

神奈川県は鎌倉へ。鎌倉はめっちゃくちゃ混んでいました。でもやっぱりその分食べ歩きグルメが充実していて、どれを食べるか迷いに迷いました。視聴者さんからいただいた情報を見ながら一旦小町通りを端っこまで歩いて吟味したのですが、本当に魅力的なお店に溢れた街でした。

最初に食べたのが**「鎌倉そらつき」**のソフトクリームで、そらつき自体は都内に何店舗かあると思うんですが、ここではいちごとバニラのMIXソフトをいただいて、それはもうめちゃくちゃ美味しかったです。酸味がしっかりあるザ・いちご！みたいな味に、まろやかなミルクの味が絡んで「どんな君でも包み込むよ」みたいな包容力で、「私はいちご！」みたいな自己主張の強いいちごと交わることできれいに味が調和されるという素晴らしいバランスを醸し出していました。まさに最強のふたりって感じ。例えるならば修二と彰みたいな。トムとジェリー、伊吹と志摩みたいな。あげればきりがありません。みなさんはいくつわかりましたか？

その後**「腸詰屋《ちょうづめや》」**というお店でウィンナーを食べたんですが、実はこれ長野編で軽井沢に行ったときに閉まっていて食べれなかったお店で、47都道府県も回っているとかつて食べ逃したお店にリトライできるという、普通ならあまりない機会に恵まれることがあるんです。そんな伏線回収もあってより美味しく感じるというか、そもそも自家製で元からめちゃくちゃ美味しいんですが、パリパリのジューシーなソーセージを通常時にはないクソデカ感情を込めてもぎゅもぎゅと噛み締めました。顔もさぞかしドラマティックだったでしょう。そういう感情の顔です。

小町通りで一番行列がすごかったのが**「ともや」**というお店で、幸せをよぶ大仏さま焼きを売っていたんですよね。大仏さまの顔の形をした人形焼なんですが、外国の方とか、カップルとか、みんなこぞって食べているので、これは多分マストで押さえておいたほうがいいのかもと思ったんですが、正直食べていいのかな？という気持ちもありました。私が食べた中では厚切りベーコンチーズが一番おすすめ。甘じょっぱいのが好きな人は絶対好きだと思います。甘いベビーカステラのような生地の中にベーコンの塩みが効いていて美味しかったです。これちゃんとご利益あるのかな？

ある程度食べ歩きに満足した後、**「鶴岡八幡宮《つるがおかはちまんぐう》」**にも行きました。ここはタナカガ夫妻のおすすめスポットで、空気がすごくきれいで、風情があって歩いてるだけで気持ちいいとのこと。**「ここだけはほんまに行って！」**と言われたので行かせていただいたんですが、私は人よりも感性が鈍いので、情緒《じょうちょ》的なものをキャッチすることはできなくて、**鯉に餌をあげるのが一番楽しかったです。**実は普段から餌やり系があったら片っ端からやっているんですが、ここの鯉はレベチに食べっぷりがすごいんです。動画にも映っているんですが、集合体恐怖症の人なら鳥肌を立てて目を背けるレベル。食に対して**地球上のどの生命体よりもどん欲**で、こんなに観光客の多い鎌倉なら十分餌をもらえるはずなのに毎回10日ぶりの飯を奪い合うかごとく群がってくるんです。しかも、みんな同じ色で同じ顔。鯉の上に鯉が乗っかって、それが層のように折り重なって群がる光景は、本当にビジュアルインパクトがすごかったです。ちなみに、鳩も私達が餌を持っているのを完全に把握していて、鯉に餌をあげると同時に鳩に襲われるんです。今は君達じゃないのに。だから、鳩が苦手な人も注意してください。でも、見ているとわりと楽しくて、**「食べっぷりがいい」という理由でエミリンチャンネルを見ると言う人の気持ちが少しわかりました。**なるほど、こういうことなのですね。彼らに関しては食べっぷりとかいうレベルじゃないんですが。

　鎌倉は着物で歩いているカップルがめっちゃ多かったので、私もプライベートではまだやったことのない**和装デート**というものをいつかやってみたいなと思いました。

14

佐賀県

2023.06.28 UPLOAD

S A G A

孤独と美味と、優しさと。

佐賀は福岡から新幹線で行きました。**新鳥栖《しんとす》駅**からスタートして、同行の編集者さんもいない**正真正銘のぼっち旅。**となると、車が運転できない私はタクシーに頼らざるをえないのですが、新鳥栖駅はタクシーが全然来ないんです。どうしようと思って諦めかけた寸前に奇跡的に1台のタクシーが登場。事情を説明したら、「1日一緒に回ってあげるよ」と言ってくれました。**運転手さん、今日はあなただけが頼りです。**

まず最初に向かったのがＴｉｋＴｏｋでバズっていた**「めんたいランド」**。到着後、「**30分後にまた駐車場《ここ》で**」と約束を交わしてランド入りしたのですが、運転手さんがあまりにもいい人で、ここまでの料金を支払っておこうとしたら「要らないよ」とか、身分証とかも求められないし、もしかしたら私がこのままどこかに行って乗り逃げしちゃうかもしれないのに、「戻ってきてくれたらいいから」みたいな感じであまりにもいい人。佐賀には優しい人が多いのでしょうか。

そして、めんたいランドが本当にめっちゃ良かった。何かを頼んだら何でも明太子を食べ放題なんですよ。安いものだと１５０円のおにぎり1個で明太子が食べ放題。明太子のパスタをいただいたんですが、こちらも５００円くらいとか結構安めで、もったいない精神が働いてパスタを食べているのか明太子を食べているのかわからないくらいベチャベチャの状態だったんですが、何というかそれが罪深いほどの美味しさ。悪いことをしている感が堪らないみたいなのもあってすごく美味しく感じました。そして、ちょうどぴったり30分くらいで食べ終わり、無事運転手さんと合流。ここで2人の間にしっかりと信頼関係が生まれた感覚がありました。「こいつは大丈夫、必ず戻ってくる」みたいな。

その後、運転手さんに**「フライングカウ」**というアイス屋さんに向かってもらったんですが、観光客というより地元の方が多くて駐車場がいっぱいだったんです。タクシーが停められなかったんですが、優しい運転手さんは「そのへんプラプラしてるからアイスだけ食べておいで」みたいな感じで送り出してくれました。大体20～30分くらいかなと思っていたら、30分以上も待つことになり「運転手さんに連絡もできないしマジでやばい」と焦っている間に時間が過ぎてようやくアイスをゲット。ここで私気づくんですよ。1人で来ている人がいない。みんな家族や女子旅、恋人同士でイートインスペースも満席。「なんで私だけ1人なんだろう？」と急に寂しくなりながら、地べたに座って1人で寂しく食べました。アイスは本当に評判通りめっちゃくちゃ美味しかったです。プリンに巨大なソフトクリームが乗っかっているやつだったんですが、濃厚なソフトクリームと濃厚なカスタードの競演。非常に牧場らしい味がしました。45分くらいかかってしまって、焦ってタクシーの運転手さんを探して走り回るのですが、気分はさながら走れメロス。ごめんねセリヌンティウスのマインドです。近くに停める場所がなかったのか、遠くでぽつんと1台待っているセリヌンティウスならぬ運転手さんを発見して、2人のあの瞬間もこんな感じだったのかなぁみたいな不思議な体験をしました。

新鳥栖駅で運転手さんとバイバイした後、佐賀駅に移動。駅構内にある**「みのりカフェ」**で地元のフルーツを使ったスムージーをいただき、**「03 coffee」**でラテをいただき、お腹をたぷたぷさせてから**「石窯《いしがま》パン工房 くすくす」**へ。**ここが47都道府県旅の中で最も好きなパン屋さんだったなと思います。**どの味も特徴がすごくあるわけじゃないんだけど、本当に素朴で美味しいパンなんです。カレーパンが人気らしく、ちょうど揚げたてをゲットできたので帰りの新幹線と明日の朝ご飯にしようと思ったんですが、ほとんど平らげてしまいました。チョコクロワッサンもシュガードーナツもとても美味しかったです。

その後駅に戻るんですが、ここでも雨。仕方なく駅のコンビニに寄るのですが、ここで私は**「竹下製菓」**のブラックモンブランというアイスに出会ってしまうんです。佐賀発の九州名物で、シンプルだし想像がつく味の範囲なのに唯一無二の美味しさがあって**私の市販アイスランキング1位に輝きました。**実はコレ、東京で探したら地方のものを扱っているスーパーでも売っていて、その後もよく買って食べています。1本130円くらいで売っていましたが600円出してでも食べる価値がある。もっと早く出会っていたら私の人生は変わっていたかもしれないなと思いました。こちらからは以上です。

15

福岡県

2023.07.01 UPLOAD

FUKUOKA

胃もたれで目覚めた朝、それでも私は食べると決めた。

福岡県の旅は胃もたれとともに始まりました。本当に何も入らないんじゃないかというくらい。というのも前の日の深夜に屋台のラーメンと佐賀で買ったパンの残りをガッツリ食べたので、そりゃあもたれますよねという話です。

前日に行った屋台は福岡の**「屋台 おかもと」**っていうラーメンが有名なお店で、おでんと牛タンも美味しいんです。店主のおじちゃんもすごく程良い距離感で愛想も良くて、あったかい屋台の雰囲気を味わうことができました。しかも、とんこつ独特の臭みもクセもなくてサラッと食べられちゃう。おでんの大根やじゃがいももぽちゃぽちゃに味がしみていて、屋台通いしたいなと思いながら気持ちよく眠り、翌日朝起きたら人生で一番かもというレベルの胃もたれ。そりゃあそうですよね。それでもこれは行くしかないと思い勇気を出して福岡の街に繰り出しました。

福岡は一度太宰府《だざいふ》に行ったことがあったんですが、今回は福岡のリアルな若者の流行を知りたいと思って天神に向かいました。まず行ったのが米粉のチュロスが有名な

「DANNY《ダニー》 CHURROS《チュロス》」。揚げたてのチュロスで名前を書いてもらえるということで若者の間で流行っているそう。これがすごく楽しくて美味しかったんです。「エミリン」って四文字で書いてもらったんですが、文字1つでパン1つ分くらいのボリュームがあるから一撃でめっちゃお腹がいっぱいになりました。一瞬持ち帰ろうかなと思ったんですが、目の前にあると全部食べちゃうんですよね、私。後先を考えずに。でも、朝イチでチュロスを入れたことによって、科学的に説明できないんですが胃袋が開いたんですよ。おかげで食べる感じのコンディションが整ったので、結果オーライというわけです。

その後行ったのが**「伊都《いと》きんぐ」**というあまおうスイーツのお店で、いちご飴を。ここのいちご飴があまりにもきれいで、本当に宝石のよう。首からぶら下げてネックレスにできたらいいのにと思ったのですが、そもそもいちご飴のアクセって見たことないから、誰か作ってほしいなと思いました。これが練乳とキャラメルが入ったいちご飴で、練乳が主張しすぎず風味くらいの存在感で、いちごの酸味と超相性が良かったです。見て楽しいし、写真映えもしてこんなにも美味しい。見事に三拍子揃った一品でした。

動画では他にもお店を回っているのですが、折角なので今回は以前行ったときに美味しかったお店を紹介させていただきます。お仕事だったということもあって、会食で**「水たき長野」**というお店に連れて行ってもらったんです。人生初の水炊き。そのときは「どうせこのくらいの味なんでしょ？」と考えていた味を遥かに上回る美味しさに「福岡の水炊きすげえ」って思ったんです。噛めば噛むほど味が出るのに、歯触りは柔らかいという新感覚。スープをおちょこみたいなやつでちびちび飲める感じもツウな感じがして、何ならそのスープが一番美味しかったです。大人の階段を上ったような気分を味わいました。あと、**「かさの家」**の梅ケ枝餅《うめがえもち》。すごい有名らしいんですが、薄いお餅につぶあんがぎっしり詰まっていて最高です。あと、太宰府には私がここでしか見たことがないと思った食べ歩きのお店があって、それが**「ふくや 太宰府店」**。明太子茶漬けが食べ歩き用に提供されていたんですが、これがサラッと食べられて美味しくて、食べ歩きフードとしてめちゃめちゃおすすめです。太宰府ではその2品でしっかりお腹がパンパンになってしまったので、やっぱり食べ歩きのコースの組み方というか、順番って大事なんだなと思い知らされました。

余談ですが、福岡の方はあらゆるシーンで「なんしようと」って言うじゃないですか。それがすごく好きで、昔塾の先生がことあるごとに「なんしようと？」って聞いてきて、それ以降それがすごくかっこいい言葉に聞こえるんです。なんかいいなって思うんですよね。後から知ったんですが福岡の人はとりあえず「なんしようと」って言うらしくて、遊ぼう～とか、ウケるとか、様々なシーンで使うんです。言ってしまえば「おはよう」みたいな感じで「なんしようと」って言うらしいです。可愛いですよね。

16

愛知県

2023.07.04 UPLOAD

AICHI

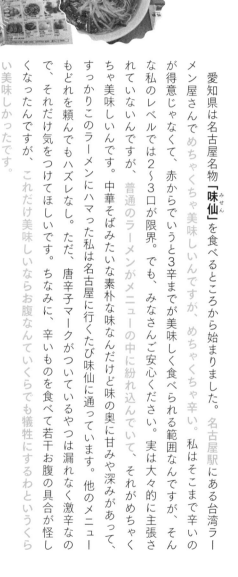

見知らぬ家族と水鉄砲合戦する攻めすぎテーマパーク。

愛知県は名古屋名物「**味仙**《みせん》」を食べるところから始まりました。名古屋駅にある台湾ラーメン屋さんでめちゃくちゃ美味しいんですが、めちゃくちゃ辛い。私はそこまで辛いのが得意じゃなくて、赤からでいうと3辛までが美味しく食べられる範囲なんですが、そんな私のレベルでは2~3口が限界。でも、みなさんご安心ください。実は大々的に主張されていないんですが、普通のラーメンがメニューの中に紛れ込んでいて、それがめちゃくちゃ美味しいんです。中華そばみたいな素朴な味なんだけど味の奥に甘みや深みがあって、すっかりこのラーメンにハマった私は名古屋に行くたび味仙に通っています。他のメニューもどれを頼んでもハズレなし。ただ、唐辛子マークがついているやつは漏れなく激辛なので、それだけ気をつけてほしいです。ちなみに、辛いものを食べて若干お腹の具合が怪しくなったんですが、これだけ美味しいならお腹なんていくらでも犠牲にするわというくらい美味しかったです。

そして、名古屋と言えば「**レゴランド®・ジャパン**」。テーマパークオタクの私が行かない選択肢はないわけです。公式サイトには対象年齢2〜12歳のお子様とはっきり書いてあるんですが、私は大人が行ってもすごく楽しいパークだと思っていて、レゴブロックの形をしたポテトとか、テンションが上がらないわけがないんです。

アトラクションも結構面白くて、海賊船に乗っている人に外から水をぶっかける**「スプラッシュ・バトル」**というアトラクションがあって、正直夢中になってしまいました。お互い知らない者同士で一期一会の水の掛け合いをするんですが、お互い本気でケラケラ笑いながらやっていて、すごくいい。冬にも2度めのレゴランドをキメたんですが、真冬も容赦なく水の掛け合いをしていて、すごい気合入ってるなと思いました。そんな感じで結構攻めたアトラクションが多くて、何か意味がわかんなくて面白いなと思いました。

「サブマリン・アドベンチャー」というのがあるんですが、レゴでできた魚とかが出てくるので「こんな感じでレゴ魚を見ていくのかな」と思っていたら、後半普通に水族館レベルのガチの魚が出てきます。動く水族館みたいですごく面白かったのでおすすめです。

フードは、ポップコーンがめちゃめちゃ美味しかったんですよ。ただ、バケットのひもがMAXまで引き伸ばしても大人がたすき掛けできない構造で、だいぶ面白い絵面になるので買うときはご注意ください。骨付きのスモークチキンもめちゃくちゃ美味しくて、テーマパークのフードとしてはトップレベルの味を叩き出していました。これは私の持論なんですが、テーマパークフードに欲しい要素って、食べていてテンションが上がって、かつ美味しくて、写真映えもする。その3大要素をすべて兼ね備えているチキンでした。そもそも、サムネに迫力を与えてくれるという点を考えても、骨付きのチキンを扱っているテーマパークはセンスがいいなと勝手に思っています。

総括すると、レゴランドは全力で遊ぶというよりは、昔遊んだレゴを思い出しながらエモい気持ちでまったり遊ぶのが楽しみ方としていいんじゃないかと思いました。

最後、名古屋駅に戻って**「まるや本店」**でひつまぶしを食べたんですが、ここはマジで美味しくておすすめです。うなぎの外はカリッ、中はフワッでアツアツ。お米も程良い炊き加減で、口の中いっぱいに頬張る瞬間、本当に幸せを感じました。あと、ひつまぶしあるあるだと思うんですが、お茶漬けに切り替えるタイミングが難しいじゃないですか。私は毎回日和《ひよ》ってしまって後で後悔するので、みなさんには思い切り良くお茶漬けに踏み切ってほしいなと思います。やらぬ後悔よりやる後悔。昔の人は良いことを言いますね。

これは余談なんですが、昔うなぎの小骨が刺さったというトラウマがあって、それ以降うなぎがダメになってしまったんです。でも、大学生くらいの頃初めてここのうなぎを食べたら、あまりにも美味しくて食べられなかったうなぎを克服したんです。そんなトラウマを拭ってくれたまるやさんには本当に感謝しています。ありがとう、まるやさん。

17

福島県

2023.07.22 UPLOAD

FUKUSHIMA

誰もが憧れる「夏休み」は福島にありました。

福島は最初から行きたい場所が決まっていました。何かで藁葺《わらぶ》き屋根の家が並んだタイムスリップ感が味わえる場所があるというのを見て、魅力的だなって。それが今回訪れた**「大内宿《おおうちじゅく》」**というわけです。

郡山《こおりやま》駅までは新幹線、そこからはレンタカーを借りて1時間半くらい。青い空に白い雲、緑の豊かな景色がずっと続いていて、夏ということもあってそれがもう最高。到着してみたら、大内宿はまるで田舎のおばあちゃんの家に遊びに来たときみたいな「夏休みだ〜！」というテンションの上がるエモさ。観光地でわりと人もいるのに、不思議と静かで、どこからともなく風鈴の音が聞こえてくるような空気感が最高でした。

名物がネギそばで、**「そば処こめや」**というところに入りました。丸々1本のネギでおそばをすくって食べるというものなんですが、普通に考えてネギもおそばもツルツルなので、マジで1本もすくえません。結局お箸を使って無理やりネギで食べている風を装う形になりました。それっぽさが大事ですよね。で、食べるときはネギを丸かじりして薬味として

17. 福島県
FUKUSHIMA

味わうんですが、先っぽの部分とかがもうめっちゃ辛い！　ネギの辛さが好きな方にはたまらないと思います。普通にみなさん途中からお箸で食べているそうなので、1本ネギチャレンジをある程度楽しんだら普通にお箸で食べていいと思います。

縁側の席でいただいたんですが、これがすごい幸せで！　私のおばあちゃんちには縁側なんていうものはなかったんですが、まるで子どもの頃の記憶が蘇ってくるかのような懐かしさを感じました。都会でボロボロになった心がデトックスされて、まさに〈ととのう〉に近い感覚。今回の47都道府県旅で一番ととのったな～と感じたのは紛れもなくここです。

大内宿の散策中に、職人さんが作っただるまさんのついたおみくじのガチャガチャを引いたんですが、おみくじの内容は「辛抱すれば大吉」。「待つことも恋愛だ」って書いてあって、私が二十歳の時に恋愛は待つことだと思って8年彼氏ができなくて、30歳の今また待ち始めたら次に彼氏ができるのは38歳なんですよ。本当にそれでいいのかなって。辛抱すれば大吉……、待つしかないのかな？

続いて、ふたたびこめやに戻って大内宿名物の栃餅《とちもち》を食べました。初めて食べたんですが、店員さんによると木の実を混ぜて作ったお餅とのこと。「どんぐり的な？」と思って戸惑ったんですが、食べてみたら栗のような香ばしい風味ですごく美味しかったです。そう考えたら栗も木の実か。あれ、木の実か？　木の実のカテゴライズがよくわかりません。

そしてこれはありがたい迷惑な話なんですが、大内宿にはトンボがめっちゃいるんですよ。そしてめっちゃ人懐っこくて寄ってくるんです。私は虫が苦手なので何だかすごく申し訳ない気持ちになりました。来てくれるのはありがたいけど、うん。私のことを止まり木だと思ってくれていたんですかね。

郡山駅に戻ったら、途中で大雨が降ってきました。あんなに晴れていたのに、嘘でしょ？ そろそろマジで意味がわかんないです。

夕食は**「會津《あいづ》郷土食 鶴我《つるが》」**へ。ここが旅館みたいな雰囲気で、お料理もすごく丁寧で上品な味つけ。お通しから既にめちゃくちゃ美味しくて、私の持論〈お通しの美味しい店は何を食べても美味しい〉が正しいことを証明してくれました。視聴者さんからここの馬刺しをおすすめされていたのですが、確かにめちゃウマ！ ステーキのような分厚さで、馬刺しをこんなに口いっぱいに頬張る経験は今までなかったので、肉食動物のような気分でした。すごく元気になりましたし、お腹もいっぱいになりました。名物のワカサギの天ぷらも美味しくて、七味の入ったタレで食べるんですが、これが美味しくてその後も天ぷらのお汁に七味を入れるのがマイブームです。47都道府県の旅を通じて普段の食生活にも変化があったりして、それが結構楽しいです。まるで私の生活にも七味のような七色の彩りが加えられたような感覚。福島はすごくいい場所だったので、また行きたいです。

18

香川県

2023.07.24/07.25 UPLOAD

KAGAWA

#寝台列車 #人生 #香川 #岡山

香川県は以前から憧れていた寝台列車に乗って行ってきました。ワクワクし過ぎて寝られないいんじゃないかと思っていたんですがマジで秒で寝てしまいました。電車ってガタンゴトンという規則的なリズムが心地良くてうたた寝しちゃうことがあるんですが、それが横になって布団をかぶっているときに聞こえてきたら、もう最高の入眠環境の完成です。ただ注意点があって、私が乗った**「サンライズ瀬戸」**は食堂車も車内販売もないので、あらかじめ食料を買って持ち込むことをおすすめします。私も事前に東京駅でたらふく買い込んでいなかったら、道中空腹で闇落ち待ったなしだったと思います。

早朝に高松駅に到着。朝ごはんにうどんを食べるべく駅前の**「めりけんや」**に入ったんですが、ツルツルって舌触りがすごく良くて、噛むとコシと弾力があって、すするときのチュルチュル感と噛んだときのもちもち感のバランスが最高のうどんでした。普段は麺類の汁を飲まないいんですが、このときばかりはすべて飲み干してしまいました。テヘペロ★　セルフサービスで追加した海老天をお汁にひたひたにして食べるのも美味しかったです。

最初の目的地はこんぴらさんこと**「金刀比羅宮《ことひらぐう》」**。高松駅から琴平《ことひら》駅まで特急で30分くらいなんですが、本数が限られているのでギリギリの時間に切符を買うと駅員さんが「急いで！」とか「出るよ〜！」とかみんなで応援してくれるんですよ。ありがたいですね。

こんぴらさんまでの道中、杖をつきながら一緒に上っている老夫婦がいらっしゃって、人生もこうやって1段1段2人で少しずつ上ってきたんだろうなと勝手に想像してしまい、イヤホンから流れる吉田山田の『日々』と相まって思わず涙が出そうになりました。

それはそうと、金刀比羅宮までの階段はマジでしんどいです。全部で1368段あるらしいんですが、私は百段くらいで息が上がってしまいました。あれはさすがに1人で頑張れる限界を超えている。家族が励まし合いながら挑戦していたりして微笑ましいのですが、同時に羨ましくもあり、メンタルに来るものがあって、尚更1人で上る元気を失いました。

駅からの道のりで杖のレンタルや手荷物の預かりサービスが結構あって、そのときは「平気だよね」とスルーしてしまったんですが、大後悔です。借りておくべきでした。結局途中でリタイアしてしまったんですが、帰りの道中ずっと「挫折して諦めた人だ」と思われないよう、「てっぺんから帰ってきました、私」みたいな顔を貫きました。「めっちゃ上ったわ」みたいな。すみません、本当は上ってません。

階段の途中に気分を紛らわせてくれる食べ歩きのお店が結構あるんですが、讃岐和三盆《さぬきわさんぼん》かすてらのお店**「総本家 一三堂《いちさんどう》」**が10円パンを出していて、それがすごく美味しかったです。チーズの量がやや少ないんですが、カステラ生地の美味しさだけで大勝利しているので「むしろこっちを売りにしているんだな」と勝手に納得。老舗が出す流行スイーツってなんだか素敵だなと思いました。

その後、視聴者さんおすすめの**「さぬき名物 骨付鳥 田中屋」**へ。柔らかくて肉汁が溢れるジューシーな食べごたえのある鶏肉で、塩コショウと醤油スパイスみたいな独自の味つけも相まってマジ美味しい。ただ、すごくしょっぱいのでパートナーになるお米かお酒があったほうがより美味しいと思います。後々のことを考えて単品にしようか悩んだんですが、骨付き鶏定食も注文。これがマジで正解でした。つけ合せの鶏ガラスープとの相性も最高で、「後先考えずに好きなだけ食べていいよ」と言われたら、軽く5本は食べていたと思います。

高松駅に戻るにあたり、マリンライナーに乗りました。「乗り間違えちゃいけない」と思って行き先を何度も確認して、電車内では動画のチェックをしたりして過ごしていたんですが、そろそろ着いたかな〜と思って外を見たら「岡山《OKAYAMA》」って書いてあるんですよ。今世紀で最も意味の分からない出来事。視聴者さんに後で教えていただいたんですが、途中で切り離されて岡山と高松行きに分かれるらしく、私は間違えて岡山行きの車両に乗ってしまっていたんです。完全な油断。ただ、本来のルートではあり得なかった瀬戸内海の上を走る車窓の景色がめちゃくちゃ美しかったので、「きっと私はこれを見るためにこの電車に乗ったんだ」と思い込むことにしました。貴重な体験でした。

19

高知県

2023.07.31 UPLOAD

KOCHI

コミュ力SSRの温かい人々。

高知県は、香川県の高松駅からアンパンマン列車に乗って向かいました。車内にアンパンマンみたいな要素がなかったので油断してうたた寝をしていたんですが、高知駅に到着した瞬間に車内アナウンスでアンパンマンが喋り出すんですよ。それで飛び起きました。どんなアラームより確実に起きられる。日本人の本能なんですかね？　高知駅に着いてからは本当にアンパンマンだらけで、ゴミ箱とか階段とか隅から隅までやばいくらいアンパンマンがいるので、小さいお子さんからしたらたまらないと思います。

最初にタクシーで**「ひろめ市場」**へ行きました。タクシーの運転手さんがワイルドなイケオジだったんですが、敬語の中にも土佐弁の「き」が交じるのがすごく可愛かったです。「高知の人はお酒飲むのが好きな人が多いきぃ」みたいな。運転手さんの言う通り、高知はお酒に合いそうな食べ物がたくさんありました。もちろん、お酒が飲めなくてもどれも美味しくて楽しめるのでご安心を。

ひろめ市場は、土曜の夜だったので観光客と外国の方、地元の方でめちゃくちゃ賑わっていました。高知ということでお目当ては鰹《かつお》のたたき。視聴者さんにおすすめしてもらった**「明神丸《みょうじんまる》」**というお店に行きました。ここは実演販売みたいになっていて、外国人観光客の方が「Oh!　Fire～!!」みたいな感じで写真を撮っているんです。「え～、めっちゃ大げさやん（笑）」と思っていたんですが、実際に見たら本当にブワァアッ!!って火柱が立っていたので、彼らの反応は何ら間違っていませんでした。疑ってごめん。

ひろめ市場はフードコートみたいになっているんですが、1人だから場所取りができず、土曜の夜だから全然席が空かない！　お盆を持ってリアルに30分弱くらい途方に暮れていたんです。それを見ていたご家族が相席を提案してくださって、本当に助けられました。**6人掛けのテーブルに、5人のご家族とエミリンチャンネル。**優しいお母さんと、気まずそうなお子さん。ありがたくもあり、申し訳なくもありました。そのときの様子は動画にしっかり収められているので、ぜひ観てください。鰹のたたきの定食をいただいたんですが、ひと切れがステーキみたいに分厚くて、お肉みたいな食べごたえがあって、美味しすぎてめちゃくちゃご飯が進みました。たたきの焦げ目の香ばしさがお米と合う！　本当に最高でした。

美味しそうなものがたくさん売っていたので、本当はもっと色々買って食べたかったんですが、お子さんたちにこれ以上気まずい思いをさせてはいけないと思い、他のものはテイクアウトをして旅館で食べました。ひろめ市場は惣菜みたいな感じで持ち帰りができるものがたくさんあるのも良かったです。個人的にはちくわの中にきゅうりが丸ごと入った**ちくきゅう**がお気に入りです。付属の七味マヨとめちゃめちゃ合う。弾力のあるちくわにみずみずしいパリパリのきゅうり。**シンプルなのに何でこんなに美味しいの!?**っていうくらい、また食べたいと思ってしまう一品でした。

余談ですが、高知県は宿泊施設があまり多くないみたいで、結構早めに予約をしようとしたのにほとんど満室だったんです。ネットの口コミを見るとみんな同じ悩みを抱えていたので、宿の手配にはくれぐれもご注意ください。

翌日は早起きして**「日曜市《にちよういち》」**へ。毎週開催されているらしいんですが、バザーみたいな雰囲気で、雑貨屋さんやお土産屋さん、屋台が並んでいる感じ。ここで食べた**「大平商店」**のいも天が最高でした。これも視聴者さんのおすすめなんですが、地元でも大人気で大行列でした。シンプルな構造なのにクセになる味。ホクホクのぽちゃぽちゃのお芋にナゲットみたいな衣がついていて、超高級さつまいもスナック菓子みたいな感じ。**これまで食べたさつまいも料理の中で一番好きでした。**懸念点としては、日曜市は座って食べる場所がなくて食べ歩きが基本になるので、お子さんを連れた観光客の方とかはちょっと大変かもしれないです。

お昼どきも過ぎた頃に、一滴も水分を摂っていないことに気づきました。それだけ食べ歩きに夢中だったんですね。高知のシメには高知駅前の「COCHI《こうち》 COCHI《こち》コーヒー」で坂本龍馬のカプチーノをいただきました。坂本龍馬の顔をいつまで残せるのかチャレンジがなかなか楽しいので、高知駅に来た方はぜひ。

高知の方はみなさんめちゃくちゃコミュ力が高くて、用件だけじゃなく+αで色々話しかけてくれるんです。気になって「高知県　県民性」で検索したら、**「とにかく心が温かくて、誰にでも親切」**ってまっさきに出てきて、本当にその通りだなぁと思いました。

20

新潟県

2023.08.02 UPLOAD

NIIGATA

気温も暑けりゃ人も熱い！人生初のフェス体験。

新潟県は、視聴者の方から圧倒的に**「フジロックフェスティバルの時期に来てほしい！」**という声がすごく多くて。地元に住んでいる方からしたら「今年もこの時期がやってきた！」みたいに愛されているイベントなんだろうなぁというのをすごく感じました。一番最初に食べたのが、**越後湯沢駅《えちごゆざわえき》**にある**「雪《ゆき》ん洞《と》」**の爆弾おにぎり。有名な魚沼産コシヒカリを使用していて、**私の人生で食べたおにぎりの中でトップ3に入るくらい美味しかったです。**ただ、本当にめっちゃくちゃ量が多くて、普通のおにぎりの3～4個分くらいあるんじゃないかっていうくらい大きかったので、誰かとシェアが必須。食べ歩きマニアからすると、最初に炭水化物というのは初手で満腹待ったなしという結構危険なルートなので、色んな種類をたくさん食べたいと思っているなら、**誰かとシェアして食べることを心の底からおすすめします。**でも、本当に美味しいのでぜひ食べてみてほしいです。

そしていざフジロックフェスに参戦したわけなんですが、周りの人達はみんなキャンプ用品やアウトドアグッズをしっかり装備していて、**エミリンチャンネルの場違い感がマジですごい。**動画をアップした後に「フジロックは初心者向けじゃないんじゃ……」というコメントをいくつかいただいて、「なるほど、それで！」と納得しました。フェスはとにかく暑かったです。気温もすごく暑かったし、参加しているみなさんの熱気も熱い。そして、私の心も「初フェスだ!!」と勝手に熱くなっていたので、とにかくアツい1日でした。

　みなさんから「フェス飯を食べてほしい！」という声も多かったんですが、**長岡熟成ポーク焼き**と、**苺けずり**、**鮎《あゆ》の塩焼き**を食べました。どれも本当に美味しかったです。フェス飯の屋台はその場の雰囲気を楽しむだけでもすごくワクワクドキドキしました。

　初心者ならではの調査不足と暑さとの戦いで限界を迎え、私の初フェス体験は数時間のうちに幕を閉じたわけなんですが、次は絶対アウトドア用品をしっかり装備して再挑戦したいなと思いました。

　会場を出た後、もうちょっと新潟を味わいたいということで**湯沢高原**に向かうロープウェイに乗りました。この高原がすごく涼しくて本当に気持ち良かった！　**フェスからの高原はめちゃくちゃおすすめしたいルートです。**ここには「おじいちゃんが手作りしました」みたいなノリのウォータースライダーがあって、子どもたちがめっちゃ楽しそうに滑っていたんですよね。私も本当はやりたかったんですが理性が勝って断念。その代わりにゴーカートでブイブイいわせてきました。そして私は思い出したのです。**本来私は運転してはいけない側の人間だということを。**同乗してくれた編集者さん、怖い思いをさせて本

新潟

当に申し訳ありませんでした。この場を借りてお詫びいたします。

高原には**「雲の上のカフェ」**というところがあって、足湯ならぬ足水があるんです。キンキンに冷えた水に疲れた足をさらしながらいただくメロンソーダ、最高でした。

最後に越後湯沢駅の**「天地豊作《てんちほうさく》」**で豊作柿太郎ラーメンというのをいただいたんですが、これもめっちゃ美味しかった！　シンプルであっさりした昔ながらの中華麺。1日頑張って疲れた体にスルスルと入っていって、身も心も満たされました。最後のシメに食べるのに本当におすすめです。

駅の**「ぽんしゅ館」**に色んなお米が試せる**南魚沼産コシヒカリの風呂敷包みのセット**があったので友達に買っていったんですが、「お米のお土産って新鮮で面白い！」ってみんなに喜んでもらえました。風呂敷に包まれていて、見た目も可愛い。お米って、もらって困ることもないし、すごくいいお土産なんじゃないかなっていうので、これからの新潟の新定番土産として、このお米の風呂敷包みを推したいです。余談ですが、タナカガが色んなお米を試した結果、**南魚沼産コシヒカリが一番美味しいと言っていました。**

新潟はすごくのどかで、大好きな雰囲気でした。私は新潟に住んだことはないけれど、まるで故郷に帰ってきたような謎の安心感がありました。47都道府県巡りで第2、第3の実家みたいなのをいくつ量産してるのかって話なんですが、エミリンチャンネルのイマジナリー実家作りの旅はこの後もまだまだ続きます。

21

沖縄県

2023.08.06/08.08.09 UPLOAD

OKINAWA

すべてが美味しい楽しいハッピー。

沖縄は2泊3日で行きました。那覇空港について最初に食べたのは、空港内の**「ポーたま」**のポーク玉子おにぎり。朝ご飯です。これで一気に「沖縄来た〜！」って気持ちになりました。さんぴん茶も一緒にいただいて、気分は完璧にめんそ〜れです。

その後、**「瀬長島《せながじま》ウミカジテラス」**へ行ったんですが、ここはおしゃれなご飯屋さんとかカフェが集まっていて、どこに入ってもおしゃれ！　わかりやすく人気店には人だかりができていて、あらかじめ調べて行かなくても「行列があるところが人気店なんだろうな」みたいなわかりやすい構図ができていました。観光客にはありがたい限りです。**「きじむなぁ」**というお店に入ったんですが、人が集まるお店には理由があるということがわかりました。オムタコライスがめちゃくちゃ美味しかった！　ひき肉の味が結構濃いめで、野菜とお米を一緒に食べるとちょうどいいんです。調味料のバランスが天才。動画じゃなかったら2個は食べてただろうなと思うぐらい美味しかったです。ウミカジテラスは、お花が入ってるゼリーのドリンクとか、ハンモックカフェとか、映えるスポットだらけなので、インスタ女子はぜひまずここに行けばたくさんの映えに出会えると思います。

その後シーサー作り体験をしたんですが、沖縄は他の県に比べて圧倒的に全体的に体験系のものが多いというか、マリンアクティビティとかもそうなんですが、誰かと一緒にやると楽しいことが多い。結論としてはデートにいいなと思いました。

「サザンビーチホテル&リゾート沖縄」というホテルに泊まって、そこで夕食にアグー豚のステーキを食べたんですが、それがまたすごく美味しくて、ソースがシークヮーサーのポン酢なんですよ。これどこで売ってますか?って速攻聞いて買って帰りました。3本くらいリピートしてます。ポン酢よりも柑橘感があって、フルーツ感も強くて、とにかくお肉に合うので、お肉をさっぱり食べたいなという年頃のあなたにぴったりの商品でございます。私が勝手に推してるだけなんですが、沖縄に行った際にはぜひ。

2日目は朝から人生初のダイビングに挑戦しました。本当に楽しかった! 基本的にアクティビティ系にはめっぽう弱い私ですが、こんなにお魚がいるんだっていうくらいたくさんいてめちゃめちゃ感動してしまいました。沖縄らしいことができてよかったです。その後に食べた**「ゴーディーズ」**のハンバーガーがまた美味しかった! インストラクターさんに教えていただいて有名なお店とのことだったんですが、本当に美味しかったし、海外に来たみたいな気持ちになれたのでおすすめです。

「アメリカンビレッジ」でも食べ歩きをしたんですが、沖縄っぽいものとアメリカっぽいものの両方が食べられるのがいいなと思いました。どっちが好きな人も満たされるし、何より飽きないのがいいですね。

3日目は初めて国際通りに行きました。観光客向けのお店が多いんだろうな~とあまり期待していなかったんですが、予想に反してめちゃくちゃ楽しかった! 特に推したいのが**「フォンタナジェラート」**で、カラフルを通り越した何か。12色の絵の具混ぜました！みたいな見た目をしているのに、めちゃくちゃ優しい甘さ控えめのすっきりさっぱりミルク味。47都道府県を回った中の「見た目と味のギャップランキング第1位」は間違いなくこれです。ただ、暑すぎて一瞬で溶けちゃうので、出てきた瞬間にすぐに写真を撮ってすぐ食べるくらいの心づもりが必要です。おかげで、沖縄ではアイスを食べている写真が一切撮れませんでした。学びですね。スムージーも外で飲んだら2〜3分でぬるくなってしまうので、注意してください。

沖縄といえばおにぎりがすごく美味しいと思っていて、プライベートも含めて結構食べ比べをしてきたんですが一番美味しかったお店を発表します。**「福助の玉子焼き」**です、おめでとうございます。ここは玉子が通常の3倍くらいぶ厚くて、ぷるんぷるんのまるでプリンのような食感。スパムの塩みをぶ厚い玉子とご飯が見事に中和していて、そのバランスがとにかく最高です。**「カルビープラス沖縄国際通り店」**で食べた沖縄限定のスイートポテりこもめちゃくちゃ美味しかったのでおすすめです。間違いなく老若男女みんなに愛される味。私は限定っていう言葉に弱いんですよね。限定とつくものは絶対食べたほうがいいと思っているので、みなさんにもぜひ食べてみてほしいです。

改めて思ったんですが、次は彼氏と来たい。友達と来ても楽しいと思うんですが、やっぱり素敵な海と素敵な景色の南国リゾート。好きな人と行くのが至高だなと思いました。

22

岩手県

2023.08.13 UPLOAD

IWATE

さんさ踊りから始まる恋がきっとある……気がする。

岩手は視聴者さんから「さんさ踊りのときに来てほしい！」という声が圧倒的に多かったので、盛岡さんさ踊りの時期を狙い撃ちして行きました。4年ぶりの開催ということもあって、とにかく人が多い！　さんさ踊りは演者さんもすごく多いし、全国各地から観光で来られている方も多くて、すごい活気でしたね。岩手で私がやりたかったことが2つあって、まずは岩手3大麺を全部食べること。まずはわんこそばをやるのが私の人生レベルの夢のひとつだったので、めちゃくちゃ楽しみにしていました。

盛岡駅に着いて、まずは駅前の**「焼肉・冷麺 ぴょんぴょん舎《しゃ》※」**、盛岡冷麺からスタートしました。店内は混雑しているんですが回転率が良くて意外とすぐに入れたのにもびっくりしました。焼肉ランチをいただいたんですが、お昼から焼肉を食べれるのがすごくいい！　いわて短角牛がすごく美味しくて、冷麺も本当にあっさりしていて、麺にコシがある感じ。具も美味しかった。きゅうりとかカクテキとかが入っていて、色んな味が一緒に楽しめるのであっという間に食べきりました。夏に食べたいものランキング1位です。

その後、さんさ踊りを見に行ったんですが、岩手の人達がめちゃくちゃ優しくて、フ

※私、動画でずっと「ぴょんぴょんてい」って言い間違えていました。申し訳ありません。

ロートみたいなやつの前で動画を撮ろうとしたら「撮りな撮りな～」って譲ってくださったり、「撮ってあげようか～」って言ってくださったり、動画撮影への理解度が高い方がすごく多いなと思いました。活気がとにかくすごくて、演者さんも直前まで屋台でご飯を食べて「ちょっと行ってくるわ」みたいな感じで踊りに行ったり、全員で祭りを楽しんでる。踊りも本当に圧巻で、**みんなすごく目がキラキラしていて、私の目にはない光を持っている感じがして眩しかったです。**きちんとシンクロしていて、男の人はすごくかっこよく見えるし、女の人はすごく可愛く見えるんですよ。さんさ踊りの吊り橋効果で恋が始まったりするのかな、って勝手に思いました。

夜ご飯はじゃじゃ麺。歩いていたら**「盛岡じゃじゃ麺 あきを」**というお店があったのでそこに入りました。トッピングを自由にカスタムできるんですが、ちょっとずつ試しながら自分の好みの配合にしていいみたいで、自由度の高さがいいなと思いました。感覚としてはちょっとあっさりめの油そば。そばよりは太いので油うどんっていうのが一番近いかも。これも夏に食べたい味ですね。麺をあえて少し残すのが面白くて、「チータンください」って言ったら最後に生卵とスープを入れて、鶏蛋湯《チータンタン》っていうスープにしてくれるんです。このスープもカスタム自由で、自分好みの味にできるのがいいなと思いました。**スタンダードとアレンジと2回楽しめる。**それがとてもいいですよね。

翌朝は待ちに待ったわんこそば。事前予約が必要なところが多くて、結構たくさん電話したのにほとんど満席で……。さんさ踊りの時期はずっと満席らしいので注意してくださ い。唯一入れたのがセルフで食べられるお店だったので、本格的なわんこそばを体験できなかったのが唯一の心残りです。でも、もう一度行く理由になったのでポジティブに捉えたらハッピーってことですね。**「やぶ屋」**というお店に行ったんですが、セルフとはいえおそばが本当に美味しくて、自分で勝手に「トーントーン♡」とか言いながら食べたりして、やってみるとセルフもすごく楽しかったです。混雑が嫌だなって方はセルフわんこそばもおすすめです。

盛岡駅の**「銀河堂1890 Sweets&Bakery」**を視聴者さんに薦めていただいていたので、最後に立ち寄りました。クリームソーダなんですが、アイスの部分がソフトクリームになっているんです。だからまず見た目が可愛い！　このソフトクリームの味が言葉で表現しづらいんですが、濃厚なのになぜかあっさりで甘さ控えめなのにミルクのコクと深みがすごいみたいな。いくらでも食べれちゃう不思議な魅力のソフトクリームに出会うことができました。盛岡に行ったらみなさんぜひここも訪れてほしいです。

岩手は祭りの時期はすごく混雑するみたいです。と言ってもどこも待ち時間は30分くらいなので、わりと平気でした。賑わっている時期を狙っていくか、あえて外して空いている時期に行くか、その駆け引きをみなさんのさじ加減で楽しんでください。

23

青森県

2023.08.14 UPLOAD

AOMORI

海鮮・りんご・からあげ、身も心も満腹のねぶた祭。

青森はみなさんのご想像通り「ねぶた祭に来てほしい！」という声が圧倒的多数。リクエストにお答えしてこちらもねぶた祭の日に行ってきました。

最初に食べたのがホタテとイカ。**「活帆立屋《かつほたてや》 奥谷水産《おくやすいさん》」**という出店で「青森産のホタテとイカだよ！」って薦めてもらったやつを食べさせてもらって、それがもう美味しすぎてびっくりしました。青森の海鮮の美味しさに一気に心を掴まれました。ねぶた祭の屋台って、地元のお店がこの日だけ出店を出していたり、漁師さんみたいな方がタオル巻いて海鮮を焼いてる感じの超地域密着型のお店が多いんです。その土地の美味しいものが確実に食べられるという素晴らしシステムでした。しかも、みなさん「どっからきたの？」とか「楽しんで」みたいな感じで超気さく。お客さんに超優しい方ばかりで、大好きになりました。ねぶた祭もさんさ踊りと似ていて、地域密着型なので青森に来た！って感覚を味わえてすごく楽しいです。

「青い森わんど」というお店で青森のりんごのかき氷が出ていて、お砂糖を使わずに作ったりんごのシロップが本当にりんごの味がして美味しかったんですよ。動画を回してたら

「いっぱい撮って宣伝して！」みたいな感じで優しく受け入れてくださって。しかも動画にコメントまでくださったんです。**リアルもネットもコミュ力が高い！**って感動してしまいました。全国色々お店を回っていると、後日にコメントやメッセージでお礼を言っていただいたり、お手紙をいただいたりすることもあって、本当にありがたいし、行って良かったなと思う瞬間です。

その後、地域の人達もよく行くという観光施設**「青森県観光物産館アスパム」**に行ったんですが、ここもすごく混んでいて、動画に**「こんなに混んでるアスパム初めてみました！」**っていうコメントをいただいたりして、やっぱりねぶた祭の人混みは別格なんだなと思いました。アスパムの中にあったアップルパイのお店**「Sweets Factory pampam」**が本当に美味しくて、まず私が苦手なシナモンが入ってないのが嬉しい！　りんごそのものの美味しさで勝負してますって感じで、サクサクのパイと果肉感のもぎゅもぎゅ感とみずみずしさが最高。みなさんにもぜひアスパムに行って食べていただきたいです。アスパムはいつもはこんなに混んでいないらしいので、ぜひアスパムへ……もはやアスパムって言いたいだけなんですけど（笑）。

もうひとつおすすめしたいのが、**「相内《あいうち》商店」**の鶏のからあげ。ねぶたの屋台の中でもダントツの行列で、青森でもすごく愛されているお店らしくて、30～40分くらい並びました。でも、ここが**今まで屋台で食べたものの中でランキング1位です。**本当に美味しかった。

骨付きのフライドチキンみたいな感じで、常に揚げたてを食べられるのでハフハフ言いながら食べると、カリカリのジューシーな理想のフライドチキンを味わえます。1時間並んででももう1回食べたいって思いました。

祭りの最後にお花みたいにカラフルな**「藤田アイス店」**のカランカランアイスを食べたんですが、そのときのお店の方の言葉がどうしても聞き取れなくて、**上に動画の該当箇所のQRを貼っておくので、わかる方がいたらぜひ教えてください。**でも、方言が本当に可愛い。可愛いんですが聞き取れないのが悲しいです。青森に限らず、地方にお出かけの際は、**まれに本当に聞き取れない独自の方言に遭遇することがある**ということを頭の片隅に入れておいてください。

青森は基本的にりんごのものがめっちゃ美味しかったです。ドトールとかのチェーン店でも青森県産リンゴジュースを大きく売り出していたりして、やっぱり本当にりんごなんだなって思いました。**りんごジュースオンリーの自販機**とかもあって、旅の間たくさんのりんごを味わうことができました。

翌日は、自分で海鮮を選んで作れるのっけ丼のお店に行きたくて、頑張って早起きしたんです。早起きが苦手なのに。朝7時の開店時間に間に合わせて行ったのに既に大行列。これは無理だと絶望するくらいの大行列で諦めざるを得ませんでした。本当にめちゃくちゃ行きたかったので、岩手のわんこそばと一緒に必ずリベンジしたいです。

24

愛媛県

2023.08.16 UPLOAD

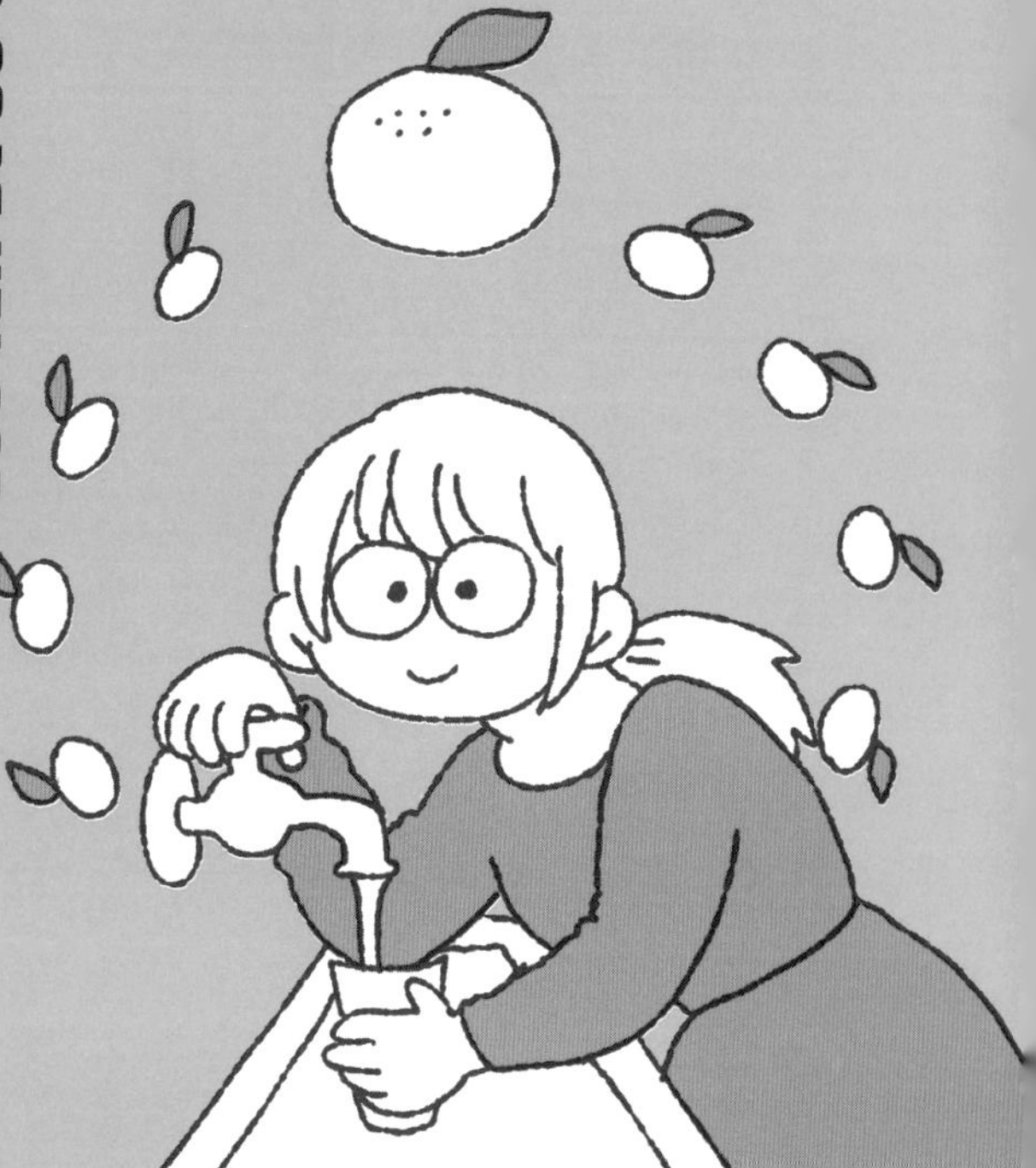

EHIME

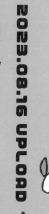

みかんの概念が覆る。

動画アップのタイミングが離れてしまったんですが、愛媛は高知から直接行きました。そして、まさかの4時間かかりました。松山駅からタクシーで10分くらいで道後温泉《どうご》に着いたので、そこが旅のスタート地点。道後温泉は昔ながらの温泉街と、商店街みたいなレトロな建物がズラッと並んでいて、そこにおしゃれなカフェとかフォトジェニックなスポットがうまく共存しているんです。しかも、他では見たことがない変わり種のお店とかもあってすごく面白かったです。温泉宿と商店街がすごく近いので、みなさん浴衣のまま歩いていたりして、ぎゅっとコンパクトにまとまっているのもすごく良かった。カップルで行って、浴衣のまま下駄でぷらぷら歩けるのって素敵じゃないですか。私はしたい。1日しっかり楽しめそうなくらい魅力的な場所でした。

まず行ったのが、みかんジュースの飲み比べができる**「10FACTORY」**というお店。すごく面白くて、一番安いもので500円で3種類くらいの飲み比べができる感じでした。みかんジュースに特化した飲み比べって体験したことがなくて、正直味の違いがわかんないかも……と思っていたんですが、多分誰が飲んでもわかるくらい全然違うんですよ！　甘みが強いとか、酸味が強いとか、コクがあったりとか。同じみかんなのにここまで違うんだって感動しました。もうひとつすごく美味しかったのが**「みかんの木」**というお店で食べたみかんのソフトクリーム。最初、「みかんとミルクって想像できないな〜」と思って半信半疑で買ってみたんですが、めっちゃくちゃ美味しかった！　一言でいうとフルーツオレみたいな感じなのかな？　より柑橘が強いバージョンを想像していただけるとわかりやすいと思います。オレよりも甘さが控えめで、よりすっきりしてる感じ。夏の暑い日に喉が渇いたときにこれを食べたい！ってなるような爽やかさでした。超おすすめです。あと、**「道後たま屋」**のみかんおにぎりを商店街で買ってお宿で食べたんですが、みかんとご飯とか、それだけ聞くと美味しいと思えないじゃないですか。お米をみかんジュースで炊いたおにぎり。「マジ？」ってなるじゃないですか。でも、結論から言うとめっちゃ美味しかったんです。何でこれが合うのか解明不能なんですが、みかんって柑橘系じゃないですか。だから柚子ご飯を想像したら、「あれ？　合うかも？」ってなっちゃうみたいな。そもそもみかんとご飯が合わないという固定観念自体が間違ってたんだと思いました。ちなみに、牛肉と鶏肉入りがあったんですが、鶏肉がおすすめです。みかんとご飯の美味しさを邪魔しすぎない素朴さで、鶏に軍配が上がりました。

　お宿に行く前に**坊っちゃん団子**を食べようと思って、2本以上でしか売っていないところが多くて悩んでいたんですが、**「白鷺堂《しろさぎどう》」**というお店が1本から扱っていて、120円の団子1本でお茶まで出してくださったんです。おもてなしが最高すぎる！　味も本当に美味しくて、坊っちゃん団子って団子の中にあんこじゃなくて、あんこの中に団子が入ってるんです。あんこたっぷりって嬉しいじゃないですか。見た目もすごく可愛いし、すごく幸せな

24. 愛媛県
EHIME

※1人で寂しそうだったので合成しておきました。

気持ちになりました。普通だったら「また来てくださいね」って言うと思うんですが、帰りがけに「他のお店も食べ比べしてみてください」っておっしゃって、こんなに謙虚で他のお店にまで配慮が行き届いているなんて、なんて素敵なお店なんだろうと思いました。私もそういう人になりたいです。

お宿は**「道後やや」**というところに泊まりました。ここはTikTokで見てずっと行きたくて、その理由がみかんジュースが出てくる蛇口があるからなんです。滞在中それが飲み放題。3種類あって好きなだけ飲めるし、ラウンジでお茶菓子とか飲み物とかもご自由にって出してくださっていて、とにかくおもてなしが素晴らしかった！タオルも選び放題とか他にも色々あったんですが、サービスが行き届いていてきれいなのにお値段もお手頃ですごくお気に入りのホテルになりました。

愛媛県はすっごくよかったんですが2つ後悔がありまして、多分愛媛県が今回の旅の中で一番滞在時間が短かったこと。お昼頃に着いて翌日の朝には帰らなきゃいけなくなってしまったので、愛媛は絶対にリベンジしたい県のひとつです。そしてもうひとつが、道後温泉は1人で来るべきじゃなかった。これが何故なのかというと、写真を撮りたくなるスポットがめちゃくちゃ多いんです。自撮りじゃ伝わらない可愛さみたいな場所が結構多かったので、編集者さんに同行してもらうべきだったなと思いました。旅の思い出を写真で残したいという方は、誰かと一緒に来ることを強くおすすめします。

25

山梨県

2023.08.29 UPLOAD

YAMANASHI

見ているだけで元気になれる。私、富士山が好き。

山梨は、奇跡的に2日とも快晴という素晴らしい好条件に恵まれました。普段エミリンチャンネルを観ていただいている方ならわかると思うんですが、私は本当に雨女なので、激レアです。山梨の旅はほうとうを食べるところからスタートしたんですが、**「小作《こさく》」**というお店に行きました。ここで食べたほうとうが本当に美味しくて、たくさんのお野菜の中に、白玉団子みたいなもちもち感とツルツルが共存するうどん。おばあちゃんを思い出すような懐かしい味で、素朴な家庭料理の最高峰という味でした。こういう野菜がたくさん入った汁物って、外食でなかなか食べられないので、優しい味にほっこり幸せになります。すごくおすすめ。

翌日は**「富士急ハイランド」**へ。乗り物にも乗らずに延々と食べ歩きをしたんですが、ここで一番推したいのが**「ピザーラエクスプレス」**。フジヤマピザという限定メニューがあって、見た目が富士山！「山梨の名物じゃないじゃん！」って思う方もいるかもしれないけど、本当に美味しいんです。ピザーラって普通宅配で食べることが多いと思うんですが、できたてアツアツを食べたことがある方は少ないんじゃないでしょうか。できたて、やばいですよ。2ピース分のサイズで富士山の形になっていて、富士山を食べている感覚がしっかり味わえます。動画でも映えるし、写真でも映えるし、チェーン店のテーマパーク限定メニューっていいなと思いました。後日**「モスバーガー富士急ハイランド店」**のフジヤマバーガーも食べたんですが、これも美味しかったです。もうひとつおすすめなのが、お土産屋さんで買える**「3D富士山チョコレート」**。これは見た目もすごいし、がぶってかじりつくのすごい楽しかった！ シンプルにチョコレートとしての味がすごく美味しくてびっくりしました。大きいけど、甘さ控えめでパクパク食べれちゃうのでおすすめです。富士急ハイランドは色んなチェーン店が入っている感じなんですが、ちゃんとご当地ものもあって、山梨県鳴沢村《なるさわむら》で人気の**「JUUDEN《ジューデン》 COFFEE」**もおすすめ！ アイスラテをいただいたんですがすごく美味しかったです。夏休みの時期に行ったんですが、富士急はディズニーやUSJほど混雑しているわけじゃないからすごく回りやすくて、休日に遊園地を思いっきり楽しみたい！という方にはピッタリだと思います。

パークを出た後は**山中湖《やまなかこ》**の**「忍野八海《おしのはっかい》」**へ行ったんですが、ここがすごい良かった！ 富士山の雪解け水が湧き水として溜まった池で、めちゃめちゃ澄んでいてきれいなんです。名前の通り8つの池があるんですが、中にはスマホを落としたらどうしようと思うぐらい深い池もあったりして、見応えがありました。ここは食べ歩きも充実していて、きれいな水を使って冷やした野菜を買って、お塩やお砂糖をかけてその場で食べられるんです。令和の時代に地元のお野菜を流水で冷やしてお塩で食べられるって、ものすごく贅沢な時間だなと思いました。**まさにトトロの世界観。**私はメイ。アニメや漫画で見る「日本の夏休み」の疑似体験みたいなことができるのですごく楽しかったです。

山梨は富士山のモチーフのものが多くて、お土産で富士山の光るキャンディを買ったんですが、これが姪っ子ちゃん達に大好評でした。お子さんのお土産にはこれを買っておけば間違いないと思います。ただ、かなり人気らしくて、店員さんに聞いたら結構売り切れが続出しているとおっしゃっていたので、ちょっと気をつけてください。

私、この山梨旅行がすごい楽しくて、2024年になってから**無意識のうちにもう1回行ってたんですよ。**富士山があまりにも良かったからもっとたくさん見たいと思って。富士山を見ると元気が出るというか、見るだけですごく心が落ち着くってことに最近気づきました。ただ、2回目は本当に天気が悪くて雪と雲と雨で一度も富士山の姿を見ることなく帰ってきたんです……。同じ場所のはずなのに、天気でここまで左右されるんだなってびっくりしました。そのときは**「ふふ 河口湖」**というお宿に泊まったんですが、富士山の石にアロマをかけるみたいなアロマストーンが売っていて、これまで石が欲しいなんて思ったことがなかったのに、気に入りすぎて思わず購入。勝手にパワーストーンと思いながら玄関に飾っています。エミリンチャンネルの玄関とおそろいにしたい方はぜひ。

26

鹿児島県

2023.08.31/09.01 UPLOAD

KAGOSHIMA

維新・ダンシンッ・鹿児島市♪

人生初めての鹿児島だったんですが、あいにく台風とバッティングしてしまい、雨女エミリンチャンネルの本領発揮という感じでした。

とりあえず食べ歩きをしようと思って**「天文館《てんもんかん》」**という商店街に行きました。揚げたてのさつま揚げが食べられると聞いたので**「揚立屋《あげたてや》」**というお店でさつま揚げをいただきました。普通のものは食べたことがあったんですが、揚げたては衝撃の美味しさでした。普段食べているものでも、できたて・揚げたてになると全然違うので、旅行先でチャンスがあれば絶対食べたほうがいいと思います。続いては、焼きドーナツが有名な**「薩摩蒸氣屋《さつまじょうきや》菓々子横丁《かしよこちょう》」**へ。これが47都道府県回った中のスイーツ部門1位！っていうレベルでめちゃくちゃ好きな味だったんです。揚げていないからすごい軽くて、ベビーカステラよりも軽やかでもっと食べやすい！　口の水分を持ってかれる感じもなくて、とにかく美味しい！　パクパク〜ってあっという間になくなっちゃいます。ここは目の前で作っているところも見られて、運が良ければ焼きたてが買えるんです。私はこれが本当に気に入りすぎて、もう1回追いドーナツした挙げ句、帰りにもう1回寄って追い追いドーナツをしてしまい、合計4個食べてしまいました。食べ歩きとは？という感じです。

ランチは**「あぢもり」**というお店で黒豚のとんかつを食べました。これも美味しかった。甘めのソースでご飯にも合うし、野菜にも合うし。『美味しんぼ』でも紹介されたことがあ

26. 鹿児島県
KAGOSHIMA

る有名なお店みたいです。本来はしゃぶしゃぶ屋さんなのかな？ ランチのみとんかつが食べられるみたいな感じでした。お次は、鹿児島といえばしろくまということで、元祖氷白熊《こおりしろくま》のお店**「天文館むじゃき」**へ。夏の暑い日だったこともあってか大行列。並んでいる間鹿児島のテーマソングみたいなのが流れていて、映像付きでエンドレスで流れるんです。私は初めて知ったんですがこれが中毒性がありすぎて、帰ってから3ヶ月位ず～っと「維新《いしん》！・Dancin'！・鹿児島市～♪」っていうメロディーが脳内で流れ続けました。YouTubeでも聴けるのでみなさんもぜひ中毒になってください（QR参照）。で、肝心のしろくまですが、すごい美味しかったです。昔ながらのアイスクリームみたいな味に杏仁の風味を足して、ふわふわのかき氷にしましたみたいな感じです。市販のものも好きなんですが、元祖は段違いですね。1口目よりも2口目の方が美味しい。どんどんクセになる不思議な魅力のあるしろくまでした。

もうここから先は維新・ダンシンッ・鹿児島市♪に頭が支配されて、あんまり記憶がないんですが、とりあえず無意識のうちに焼きドーナツをリピートしていたことだけは覚えています。

その後宿泊したのが、メンタリストDaiGoさんに教えていただいた**「天空の森」**というお宿。ここが「ドレスコードは裸」っていうコンセプトで、裸で過ごしてもいいですよ～っていうところなんです。なので、私は人生で初めて大自然を裸で歩くという経験をしました。普通ないじゃないですか、全裸で外歩くなんて。それがすごく気持ち良くて。夏のお風呂上がりに全裸で過ごすのとか気持ちいいですよね？　それの最上級版という感じでした。風と自然の音と、虫の声がささやかに聞こえてきて、目に見える世界全部が自分のものなんじゃないかって錯覚してしまうくらい。めちゃくちゃ心のデトックスになりました。現代社会って疲れるじゃないですか。ＳＮＳ疲れとかそういうのを全部忘れさせてくれる体験でした。お夕飯に鹿児島の黒豚と黒毛和牛のしゃぶしゃぶをいただいたんですが、ここで改めて鹿児島ってすごいと思いました。お肉のレベルもめちゃめちゃ高い。後になって視聴者さんに聞いたんですが、３大薩摩鶏みたいな有名な鶏のブランドもあるらしくて、お肉全部門制覇じゃん！ってなりました。

翌日午前中に鹿児島を楽しんでから帰る予定だったんですが、午後の便が台風で全便欠航するということが発覚。大急ぎで午前中のフライトに滑り込みました。本来ならもっと長く鹿児島を楽しめたのに……。この47都道府県の旅、雨にはよく降られましたが飛行機が飛ばなかったのは鹿児島が唯一だったと思うので、それが心残りです。

余談ですが、鹿児島県はかっこいい男性が多いのでは、という事実に気づきました。おじさまもダンディだし、個人的に好みの顔の男性が多くて、年をとって落ち着いたときに独身だったら鹿児島に移住しようと考えたりしています。以上です。

27

徳島県

2023.09.11 UPLOAD

TOKUSHIMA

本当にいい意味で陽キャになれる街。

徳島は、「阿波おどりに来てほしい！」というリクエストがダントツでした。なので、四国旅とは別枠で、徳島だけ阿波おどりの開催中に訪れました。

視聴者さんから阿波尾鶏《あわおどり》という鶏が美味しいよって教えていただいていたので、徳島駅の近くにある**「骨付き阿波尾鶏 一鴻《いっこう》」**というお店へ。塩コショウのシンプルな味つけで、すだちをつけて食べるんですが「こんな美味しいことあるかね!?」ってくらい美味しかったです。味が濃いけど、それが美味しい。私は鶏皮が苦手なんですが、カリッカリに焼かれた皮がおせんべいみたいにパリパリ食べられて、「もっと皮食べたい！」ってなりました。後々のことを考えてご飯を頼まなかったんですが、これは白米が何杯でも食べられる味。阿波尾鶏と白米だけで1ヶ月過ごせって言われても全然イケます。私は柑橘系の食べ物がめちゃくちゃ好きなんですが、徳島は色んな食べ物にすだちが添えられていてそれが嬉しかったです。

その後、タクシーが大行列だったので一旦カフェに退避しようということで**「森珈琲店」**というお店へ。昔ながらの喫茶店みたいな雰囲気で、地元のお母さんみたいな店員さんが印象的でした。愛嬌《あいきょう》の塊みたいな方で、みんなから愛されてる感じがひしひしと伝わってきて、いっぱいで入れなかったお客さんにお母さんが「ごめんなさいね～！」って申し訳なさそうに言うと別のお客さんがバッてコーヒーを飲んで「僕出るね～」って。見事な連携プレー。お客さん同士も譲り合っているという優しい空間が広がっていたんです。徳島のお母さんっていう感じが本当に素敵でした。和三盆トーストを頼んだんですが、メロンパンみたいなサクサクの表面でとっても美味しかった！　優しい空間に優しい甘さのトースト。お会計のときに会場の情報も丁寧に教えてくださって、本当に私、この喫茶店みたいになりたいと思いました。従業員とかじゃなくて、この喫茶店になりたい。地方の喫茶店って、都会にはない不思議な魅力がありますよね。旅の醍醐味です。

徳島の方は本当に陽気な方が多くて、そして阿波おどりをすごく大切にしてるって感じがひしひしと伝わってくるんです。徳島の方曰く、学校で習うから「全員踊れます！」みたいな感じらしくて、街全体の阿波おどりに対するマインドがすごいんです。当日の活気と熱気もすごくて、みんな明るくて陽気で……。実は私、阿波おどりで踊る側をやりたかったんです。「**にわか連**」で当日に飛び入りでも踊れるっていうことを調べていたので、事前に東京で「**東洋大学阿波踊り愛好会**」の方々に指導をつけていただいて行ったんです。準備は万端。ただ、ここで私の人見知り陰キャが大爆発するんですよ。せっかく練習してきたのに、にわか連の受付の前で「お願いします！」の一言が言えず、のこのこ退散してきました。東洋連の方々にも本当に申し訳ないし、本当に心残りです。当日に買える有料観覧席のチケットがあったので席に座って観覧させていただいたんですが、本当にもう……感激。観劇させていただいて、感激しました。子どもも大人もおじいちゃんおばあちゃんも、みんなが主役。街全体で力を合わせて地元の誇りの踊りを踊るみたいな。私はそういうものに参加してこなかった側の人間なので、本当に素敵だなって憧れてしまいました。

祭り屋台では、初めて見る変わり種に出会いました。それが**生すだちスカッシュ**の屋台なんですが、これが本当に美味しくて、夏祭りという舞台にピッタリのドリンクでした。すだちの酸味も心地良いし、暑いときに飲んだら「最高！」ってなります。すだちなので徳島にしかないのかもしれませんが、見かけたらぜひ飲んでみてください。ただ、私が買ったのが一番遅い夜の部のチケットだったので、**阿波おどりが終わった瞬間にお店も一気に閉まってしまって、**これは今後阿波おどりに行く方にお伝えしたい注意点です。号泣。この日はお土産屋さんやコンビニで徳島っぽいものを買ってホテルで食べることにしました。カップの徳島ラーメンとか、すだちグミとかゼリーとか、色々買ったんですが全部美味しかったです。特に**ザ・すだち**っていう柑橘飲料と、**「なかのファーム」のくりーみぃすいーとぽてと**が推しです。徳島産のなると金時《きんとき》を使ったスイートポテトで、焼き芋の一番美味しいぽちゃぽちゃの部分をスイーツとして表現しました、みたいな感じ。柔らかくてなめらかで、本当に美味しかったです。

次回はなんとか勇気を出して阿波おどりを踊る側で参加したいと思っているんですが、1人で行くのはマジで勇気がいるので、仲間が必須だなと思っています。**急募・阿波おどりを一緒に踊ってくれる初心者仲間。**踊らなくても、また必ず行きたいです。

28

滋賀県

2023.09.28 UPLOAD

SHIGA

大学時代の美しき思い出は今もなお輝いて。

滋賀には個人的にすごく思い入れがあるんです。私は京都の大学に通っていたんですが、京都の衣笠《きぬがさ》と滋賀の南草津にキャンパスがあるんですよ。学生当時私は「学生委員会」に所属していて、そこで一緒だった南草津キャンパスの男の子とお付き合いしていました。だから、京都からシャトルバスに乗って何度も何度も京都と滋賀の間を行き来して通い詰めた……。思い出補正もあるから、実際行ってイメージと違ったらどうしようとか思っていたんですが、改めて「滋賀ってすごくいいところだな」と思いました。さすが、私が好きだった人を育んだ土地。そんな甘酸っぱい青春の思い出の詰まった滋賀県です。さあ、参りましょう。

私、実は琵琶湖《びわこ》一周に挑戦しようと思っていたんです。3時間くらいで行けるかな？って考えていたんですが、車で5時間かかるということが判明。日帰りでは厳しいという判断のもと断念しました。みなさんも気をつけてくださいね。琵琶湖一周は5時間かかります。最初に食べたのが**「たまごや 比良《ひら》の郷《ごう》」**の卵かけご飯。養鶏場と提携しているお店らしく、本当に卵が美味しかった！　一緒にいただいただし巻き卵も最高でした。このお店は何を食べても美味しい。しかも値段もお手頃。定食と単品を色々頼んで、初手でお腹いっぱいになってしまいました。1店舗目が美味しすぎるのも考えものですね。幸せだけど。琵琶湖はおしゃれで可愛いカフェが多くて、琵琶湖を見渡しながら飲んだり食べたりできるんです。どこもフォトジェニックで、カフェ巡りだけで動画が1本撮れそうなくらい素敵。この日は**「ラメリストア」**っていうカフェに行ったんですが、めちゃ映えなメロンソーダとプリンをいただきました。琵琶湖の周りは空気もきれいだし、景色もいいし、ドライブするだけでも楽しかったです。

せっかくなので、ロープウェイで**「びわ湖テラス」**にも行きました。ここは琵琶湖を一望できるんですが、すごく良かった！　ここは外国の方がたくさんいて、もしかすると観光ガイドに載っているのかなって勝手に推測しています。みなさんジャンプしながら写真を撮ったりしていてすごく可愛かったんですよね。「FANTASTIC!!」とかいって、すごく楽しそうで、すごく微笑ましかったです。びわ湖テラスのカフェスタンドでは名物の**テラス近江《おうみ》牛カレーパン**と**テラスソーダ**をゲット。真っ青な空と真っ青な琵琶湖、足場にも青いタイルが貼られているので、視界がすべてブルー。そんな最高の空間でいただく美味しいカレーパン＆ソーダは本当に幸せの絶頂という感じでした。ここはカフェだけじゃなく、ブランコとかアスレチックみたいなものが色々揃っていて、それも楽しかった。お子さん連れなら1日遊べそうなくらい楽しい場所だったので、見晴らしもいいし、混雑もしていないし、琵琶湖に来たらぜひ行ってみてほしいです。わんちゃんを連れている方もたくさんいました。ただ、山頂ということもあって結構寒いので、それだけご注意ください。

夕食は**「近江かど萬《まん》」**というお店でステーキをいただきました。自分で焼いて食べられるタイプで、好みの焼き加減で食べられる自由な感じが良かったです。マナーとかを気にしなくてもいいから、個人的にはすごくありがたい。近江牛は本当に柔らかくて、しっかり噛むと甘みのある脂がじわ～っと滲んで、本当に良質なお肉を摂取できたって気持ちになりました。ポン酢ダレもめちゃくちゃ美味しかった。

本当は視聴者の方におすすめしていただいた**「ひつじのショーン ファームガーデン」**がすごく楽しそうだったのでそこにも行きたかったんですが、スケジュールの都合で断念。テーマパークマニアとして次は絶対そこに行きたいなと思っています。

滋賀は、私の青春のキラキラした思い出のまま、相変わらずきれいで素敵な場所でした。関西だけど、いい意味で関西すぎないというか。何か独特の神秘的な雰囲気があって大好きです。恋愛のエモ補正がかかっているかもしれないですが。あと、みなさん夏になると琵琶湖で泳ぐという話を耳にしたので、**次は琵琶湖で泳ぐというのも個人的な目標です。**

29

京都府

2023.10.01/2024.02.19 UPLOAD

KYOTO

京都観光の正装はお着物！

京都といえば私の学生時代の思い出の場所。京都の大学に通っていて、4年間1人暮らしをしていた経験があるので、これは旅の記録でもあり、京都のプレゼンでもあります。

まず、京都はぜひ着物を着て観光してみていただきたいです。京都にはレンタル着物のお店がたくさんあって、探せば前日や当日でも利用可能なんです。京都の街並みをお着物を着て歩くだけでめちゃくちゃテンションが上がるし、フォトジェニックなスポットも、着物で撮るとさらに可愛い。テーマパークの正装同様、形から入るっていうのがより一層楽しむポイントです。京都の着物レンタルは結構リーズナブルなところも多いし、着つけもヘアメイクもパパッってものすごく手際が良い。クリーニングなども全部やってもらえて本当にお手軽なので、激推しです。ただ注意点があって、雨の日の着物は結構しんどいので天気にはくれぐれもご注意ください。ちなみに、私が撮影した日は途中で雨が降りました。なんで私はこんなに雨女なんだろう。

大学時代によく行っていた嵐山に久々に行ったんですが、街が結構変わっていてびっくりしました。昔は湯豆腐とか、京都のおばんざいみたいなお店が多かったんですが、可愛いカフェとか食べ歩きフードが増えていて、めちゃくちゃエミリンチャンネルフレンドリーになっていました。特に美味しかったのが**「京都嵐山 湯葉チーズ本舗 本店」**のゆばチーズです。注文してから揚げてくれるシステムで、春巻の皮みたいにパリパリの湯葉ですり身を包んであって、その中にとろ〜っとしたチーズが入っているんですが、熱々でめちゃくちゃ美味しい！　異なる3つの食感が奇跡的なバランスで成立しているので、ぜひ食べてみていただきたいです。あと、すごく可愛いお団子屋さんがあって、**「寺子屋本舗」**。マジでビジュ担って感じの今どきの可愛さで、めちゃくちゃテンションが上がります。味はいい意味で駄菓子みたいな懐かしい味。ただ、お団子の上にふわっとあんこが乗せてあるだけなので物理的にずり落ちるんです。自然の物理法則ですね。私はそれを考えていなくて、あんこが全部ズルッてなって、あっという間にお団子を丸裸にしてしまいました。もう、大パニック。可愛いままベストな状態で食べるために、お団子はくれぐれも優しく丁寧に扱ってあげてください。現場からは以上です。

その後、奇跡的に雨が止んで、初めての人力車に乗りました。嵐山ではそこかしこで「人力車どうですか〜？」って声がけをされていて、せっかくだからこの機会に乗ってみようって思ったんですよね。乗ってみた感想なんですが、超おすすめです。人力車でしか入れない竹林の道とか、観光ガイドもすごく丁寧で知らないことを知れるし、人力車のお兄さんはずっと嵐山にいるからご飯の情報にも詳しい！　それに、全部がOKなわけじゃないと思うんですが、私が乗った人力車は飲食ができたので、食べ歩きで食べる場所に悩んだら人力車で食べるのもありかもしれないです。おやつを食べながら乗る人力車は初めての感覚で、非日常感というかお姫様気分が味わえるので、みなさんもお兄さんに確認してOK

が出たら試してみてください。

その後、人力車のお兄さんに教えてもらった**「川勝總本家《かわかつそうほんけ》」**のさわやかレモン胡瓜《きゅうり》を食べたんですが、「きゅうりの漬物を最大限にさっぱりさせました！」みたいな夏にピッタリの味で、すごく美味しかったです。お祭りで食べたくなるきゅうりの一本漬けのレベル１００バージョンみたいな。おすすめです。

京都は２０２４年にも行っていて、そのときは清水寺《きよみずでら》に行きました。ここも素敵なお店が多いんですが、特に学生時代からよく行っていた**「京ばあむ」**をおすすめしたいです。お土産にもおすすめ。程良い抹茶感で抹茶が好きな方もそんなに得意じゃないって方も両方満足させる味です。私はこれで抹茶味にハマりました。あと、ＴｉｋＴｏｋで事前に調べてきた**「伊藤軒/ＳＯＵ・ＳＯＵ」**の串和菓子も可愛くておすすめ！ 映えるだけじゃなく、味も美味しいんです。見た目だけじゃないところが素晴らしい。あとは**「月下美人」**のみたらし団子も激推しです。大粒のみたらしだんごで、ビジュも１００点！ ツルツルもちもちテカテカでめちゃくちゃ柔らかい！ トロトロのお団子が噛んだ瞬間に蜜と交わって、団子×蜜じゃなく、団子ｗｉｔｈ蜜って感じの新感覚でした。清水寺の近辺なら**「よーじや」**が有名だと思うんですが、あぶらとり紙だけじゃなくて日焼け止めやパックもすごくいいのでおすすめです。リップもいい。以上、元京都在住エミリンチャンネルによる京都プレゼンでした。

30

山形県

2023.10.04 UPROAD

YAMAGATA

私史上最高の温泉旅行、銀山温泉。

山形は10年以上前に3週間くらい過ごしたことがあります。車の免許合宿で米沢ドライビングスクールに通っていて、本来なら2週間で取れる日程だったんですが、私だけなかなか受からず1人で1週間のロスタイムを過ごしました。悲しい思い出ではあるんですが、教習所の教官の中にちょっとかっこいい人がいて、その人の山形弁がめちゃくちゃ可愛かったんですよね。「〜っぺ」みたいな。そう考えればプラス1週間の延長戦もご褒美だったのかもしれません。当時食べた米沢牛のステーキがすごく美味しかったし、米沢ラーメンも美味しかった。ちぢれ麺で日本人好みのさっぱりした味です。おすすめ。

山形は自動車学校に通っていたときから気になっていた場所があって、それが銀山温泉。折角なので、ここは30歳のお誕生日旅行に行くことにしました。厳密に言うと誕生日ではなく9月末に行ったんですが、個人的にベストシーズンでした。まだ寒くなる前の秋で最高に過ごしやすかった。そして、銀山温泉は今まで行った温泉街の中でベストかもしれません。大正ロマンを思わせるようなノスタルジックな雰囲気で、歩いているだけでもわくわくする感じ。**「古勢起屋《こせきや》」**というお宿に泊まったんですが、SNSで知名度が上がったこともあって銀山温泉はお宿の予約がかなり取りづらくなっているらしいんです。私はたまたま古勢起屋が1枠だけ空いていて泊まることができましたが、銀山温泉は早めの予約が必須だと思います。古勢起屋はオールインクルーシブという制度を導入していて、滞在中は食べ放題&飲み放題なんです。それがすごく良かった。着いて最初の食事は**「伊豆の華」**でおそばをいただきました。名物の揚げ茄子《なす》おろしそばを食べたんですが、後にも先にも**このおそばを超えるものはないんじゃないか**ってくらい本当に美味しかったです。おろしそばっていうところも私好み。味がしっかり染みたアツアツの揚げ茄子がめちゃくちゃ美味しくて、映像を見返してもまた食べたいって思うし、これを食べるためにもう一度銀山温泉に行きたいって思ってしまいます。そのくらい最高でした。

銀山温泉に1軒だけレンタル衣装屋さんがあって、**「あいらすげーな」**というお店で矢羽根の袴衣装を借りました。これで身も心も大正ロマン。やっぱり形から入るって大事ですよね。しばらく散策していたんですが、途中**「野川とうふや」**で立ち食い豆腐をいただきました。豆腐の生揚げとところてんを食べたんですが、生揚げが美味しすぎました。運良くできたてが食べられたので、外はカリッカリ、中はトロットロ。揚げだし豆腐の概念が覆りました。動画でも2回食べているシーンが出ていると思うんですが、**実は1泊2日で計3回食べました。**一生食べていたいと思うくらい美味しかったです。

古勢起屋さんは本当に雰囲気が良くて最高のお宿でした。提携している**「野川亭」**と**「湯けむり食堂 しろがね」**なら料金内で食事ができるとのことだったので、夕食はしろがねへ。お店で食べてもいいし、お部屋にテイクアウトしてもOKっていうのがありがたいなと思いました。どれだけ食べても定額内という感覚が新鮮で、特別感があって楽しかったです。

味も美味しかった。バタフライレモネードっていう飲み物も可愛かったし、ご飯のレベルも高かった。銀山温泉はずっと美味しくて楽しかったです。

一夜明けて、朝ご飯は旅館でいただきました。ここで食べた芋煮が美味しすぎて、自分が**芋煮がめっちゃ好きということに気づきました。**美味しすぎて自宅で一度作ろうと挑戦したんですが、1人分の量だとあの感動の美味しさを再現できなかったんですよね。芋煮はたくさん煮るから美味しいのかも。やっぱり山形で食べるのが至高ですね。

銀山温泉は川を眺めながら足湯ができたり、ちょっと歩けば大きな滝があったり、いわゆる「日本の田舎の風景」を堪能できる場所も多くて楽しかったです。観光スポットがコンパクトにまとまっているのも動きやすくて良かった。それに、夕方になると街がライトアップされるんです。街灯がパッと一気に点くんですが、その瞬間がすごく綺麗でした。ジブリ好きなら絶対テンション上がると思うのでおすすめです。訪れているお客さんの雰囲気もすごく良くて、おじいちゃんとおばあちゃんのご夫婦とか、お母さん世代の女子旅とか、落ち着いた感じ。一人旅にもおすすめできるし、カップルでも楽しいだろうなと思いました。もちろん女子旅にもおすすめ。**「温泉入って元気だそう!」っていうシチュエーションにぴったり**だし、カップルなら記念日の特別な旅行にもいいかもしれません。

私は秋に行ったんですが、雪の銀山温泉もすごく素敵だろうなぁと思っているので、次は雪の時期に行きたいです。

31

岐阜県

2023.10.12 UPLOAD

GIFU

飛騨牛縛りの1人肉フェス、開催。

岐阜は、大垣《おおがき》ケーブルテレビの番組に呼んでいただいて、岐阜羽島《ぎふはしま》や養老《ようろう》には何度か行ったことがあったんですが、今回は視聴者さんから「飛騨高山《ひだたかやま》の〈古い町並〉に来てほしい！」という声が多かったこともあり、飛騨高山エリアへ。アクセスが結構大変で、新幹線と車で東京から6時間くらいかかりました(笑)。でも、それだけの時間をかけてでも行く価値がある。そのくらい素敵な場所でした。

「古い町並」という名前のエリアがあって、本当に名前のまんまで古い町並みなんです。懐かしい瓦屋根の建物がズラーッと並んでいたり、景観だけでしっかり非日常感を味わえるし、食べ歩きグルメも充実していて本当に良かった！　観光客だけじゃなく地元の高校生みたいな子たちもコロッケを食べ歩きしていたり、地域の日常と観光地が不思議とミックスしている感じ。それが新鮮で面白いな～と思いました。以前お仕事で来たときに飛騨牛を食べたんですがそれがめちゃめちゃ美味しくて、それ以来私は飛騨牛に恋をしているんです。だから今回は1人で飛騨牛縛りの肉フェスを開催してやろうという意気込みで来ました。

視聴者さんからたくさんおすすめを教えていただいていたので色々回ったんですが、特におすすめの声が多かった**「金乃《きんの》こって牛《うし》※」**が本当に美味しかったです！　すだち三種盛りを頼んだんですが、特に軍艦が美味しかった。ねぎとろの牛肉版みたいな感じで、薬味と卵とすだちとの相性がバツグン！　甘辛いお醤油もすごく美味しかった。ここで肉

※「こって牛」の姉妹店。すだち三種盛りは「金乃こって牛」のみの販売なのでご注意ください。

寿司を食べるときはぜひ軍艦を頼んでください。

古民家カフェもたくさんあるんですが、どこにするか悩み抜いた末**「cafe 青」**に行きました。ここは昔の家みたいな造りで、みんなが想像する田舎のおばあちゃんの家みたいな感じ。BGMもかかっていないのですごく静かで、本当におばあちゃんちの畳の部屋でお茶をするみたいな感覚が味わえるのでおすすめです。

「六拾番《ろくじゅうばん》」という串焼き屋さんでは、牛串をいただきました。オーダー後に焼いてもらえるのでできたて。柔らかくて脂が甘くて、飛騨牛のポテンシャルが最強というのをこれでもかというくらい感じました。ここもそうなんですが、飛騨高山は作りたてを出してくれるお店が多かった印象です。**「じゅげむ」**というお店では飛騨牛のコロッケをいただきました。コロッケは私の食べ歩きのレギュラーメンバーなんですが、これは具だくさんで味付けも甘辛い懐かしい感じでめちゃくちゃ美味しかった！　大満足です。あと、飛騨高山で最近発売されたという**さるぼぼアイス**が美味しかったです。なんだろう……、くず餅を凍らせたみたいなプルプルした謎の新食感。写真映えもするし、飛騨高山に来たらぜひゲットしてみてください。そしてこの謎のプルプル感の正体を一緒に解明してほしいです。**「岩ト屋《いわとや》」**というお店で食べた綿菓子も美味しかったです。ここが珍しくて、綿菓子をすき焼きに入れて食べるんです。綿菓子をすき焼きの中にぎゅっと押し込んでそれを食べるみたいな感じ。綿菓子がお砂糖の役割になるのかな？　私は常々、食べ歩きに目新しさと映え感を求めているので、基本ステータスである味の美味しさも含めすべてを満たした神メニューでした。一口すき焼きくらいのボリューム感なので、満腹にならないのも食べ歩き的に超ハッピー。ただ、すき焼きに入れた瞬間に一瞬でなくなってしまうので、綿菓子は先につまみ食いしておくのがおすすめです。

色々と飛騨牛を食べたんですが、全然飽きないですね。色んな食べ方があるし、全部ハイレベル。お店がたくさんあるので、それぞれクオリティやアイデアで差別化をすべく切磋琢磨しているのかもしれません。私の勝手な想像ですが。

1人飛騨牛フェスの締めに、岐阜駅にある**「炭火焼肉華《はな》やま」**という焼肉屋さんに行きました。ここの焼肉はどの部位も本当に美味しくて、ヒレ肉はさけるチーズみたいにフォークでさけちゃうほど柔らかいんです。ここもおすすめです。

岐阜には日本一堅いおせんべいがあるんですが、これが本当に堅くて全然噛めなくて、「え？今岩盤掘削《くっさく》してる？」みたいな感じ。頑張って少しずつかじっていくと、これが本当に美味しくて、ほんのり味噌の風味とおせんべいの香ばしさが染み出してきてクセになる味なんです。**日本一堅い八ッ折入りせんべい6種セット**というやつなので、よかったらお土産に買ってみてください。ただ、**本当に堅いので、本当に堅いので、本当に堅いので、**大事なことなので3回言いました、誤植じゃありません。アゴが弱い方やお年寄りは要注意です。でもアゴが鍛えられると思うので、ぜひアゴ活にお役立てください。

32

静岡県

2023.10.18 UPLOAD

SHIZUOKA

妖怪あわび女、出没。

私、本当に熱海が好きで、動画以外でも結構しょっちゅう行くんです。なので、熱海は「私のおすすめスポットを紹介しよう！」というコンセプトでお届けいたします。

熱海のおすすめといえば、サムネと動画で何回も見ていると思うんですが**あわび串**です。平和通り商店街にある**「徳造丸《どうぞうまる》 海鮮家」**というお店の浜焼きあわび串が大好きで、行くたびに8本とか食べちゃうんですが、本当にそのくらい美味しいんです。ちなみに、磯煮と浜焼きの2種類あるんですが、私のおすすめは断然浜焼き。バター醤油で焼いたあわびが本当に美味しいんです。あわびが苦手という方は、エビ串やほたて串もあるので、そちらを食べてみてください。あと、みなさんにとっては全然有益な情報じゃないと思うんですが、めちゃめちゃサムネ映えします。なので完全にエミリンチャンネルの行きつけです。

他におすすめなのは有名な**「熱海スクエアシュークリーム」**。名前の通り四角の生地の中にクリームが入っていて、隅々までクリームが入っているので満足度がすごく高いんです。ただ、途中でクリームが噴出しがちなのと、口の周りが粉砂糖まみれになるので、好きな人の前で食べるのは難しいかもしれません。どう頑張っても可愛く食べられる気がしない。でも本当に美味しいのでおすすめです。

もうひとつ、ここも有名なのでわざわざ紹介するのもはばかられるんですが**「熱海プリン」**。本当にすっごく美味しい。ただ、ここは最後尾がわからないくらいの大行列なので、行く際はくれぐれも時間にご注意ください。土日に行った日には「一体いつになったらプリンが買えるの？」と不安になると思いますが、それだけ並ぶ価値のあるプリンということを覚えておいていただければ幸いです。私はカラメルがあんまり得意じゃなくて、プリンの最後にカラメルが出てくるとショボンってなってしまうんですが、ここはカラメルを後でかけるスタイルなのが嬉しいです。系列店で**「熱海ミルチーズ」**っていうところもあって、半熟のバスクチーズケーキのお店なんですがここも美味しいのでおすすめです。

視聴者さんから教えていただいた**「亀山社中《かめやましゃちゅう》」**の3連串まんっていう温泉まんじゅうも美味しかったです。そして食べやすい。150円とかで価格もお手頃で、温泉マークが押してあるのでビジュも良い。温泉まんじゅうが串に刺さっているという食べ歩きならではのユニークさも楽しくて良かったです。個人的におすすめ。

最後に、帰りがけに「もうひと熱海したいな〜」っていうときのおすすめをご紹介したいんですが、熱海駅から直通で行ける**「ラスカ熱海」**というショッピングセンターに入っている**「ベックスコーヒーショップ」**の静岡県産抹茶ラテ。これが静岡限定で、新幹線の待ち時間とかちょっとお茶したいなっていうときにぴったりなんです。

私は熱海でよく食べ歩きをするんですが、その経験からみなさんにお伝えしたい注意点がありまして、観光客の数に対してベンチの数が少ないということ。もはや椅子取りゲーム全国大会熱海会場です。片手で持てるもの以外は、初日にお宿に持って帰って食べたり、帰る日に新幹線やお家に帰ってから食べるという選択肢をご検討ください。特にプリンなどは、食べ歩きの最後にお土産として買うのがいいかもしれません。

　これまで食べ歩き系ばかり紹介してきましたが、ゆっくり座ってご飯を食べたい方にはラスカ熱海に入っている**「伊豆太郎《いずたろう》」**のお寿司がおすすめです。お寿司はもちろん美味しいし、魚のナゲットみたいなのがあってそれも美味しかったです。熱海で海鮮系を食べていると最後にちょっと揚げ物が食べたくなるんですよね。私だけかもしれないんですが。そんな欲求を程良く満たしてくれます。

　静岡は、断食合宿で伊豆にも行ったんですが、**「伊豆シャボテン動物公園」**がすごく良かったです。**アニマルボートツアーズ**というのがあって、某ジャングルクルーズの動物園バージョンですね。めっちゃ楽しい。最後に餌やり体験をさせてもらえるんですが、ワオキツネザルがめちゃくちゃ人懐っこくて、餌目的なのは薄々気づきつつも肩に乗ってもらえたりしてすごく嬉しかったです。あと、**すごく幸せそうにご飯を食べるチンパンジーも可愛かった！**　めちゃくちゃちびちび食べるんですよ。私も好きなものが残り1つになるとめちゃくちゃちびちび食べ始める傾向にあるので、まるで自分を見ているようでした。これは幸い動画に収めることができたので、左側のQRからぜひ観ていただきたいです。

　個人的に、あの有名な**「げんこつハンバーグの炭焼きレストランさわやか」**にまだ行ったことがないので、いつか行ってみたいなと夢見ています。

33

大阪府

2023.10.23 UPLOAD

OSAKA

エミリン的大阪のおすすめ大発表。

大阪は、出身が関西ということもあって本当にしょっちゅう行くので、行ったことがないところに行こうということで**鶴橋のコリアンタウン**に行きました。ここで一番美味しかったのは**「りびんぐ」**というお店のホットク。バッグンに美味しかったです。土曜日の昼どきだったこともあってか、**「こんなに並ぶ!?」っていうくらいの行列**で、私も並んだんですが、食べ終わった後に戻ってきたらシャッターが閉まっていて「本日は売り切れました」の張り紙が貼ってあったので、できるだけ最初の方に行ったほうがいいと思います。チーズ味のホットクを食べたんですが、チーズの塩っ気と素朴な生地のシンプルで飾らない美味しさ。実は後日また食べたいな〜と思って寄ったことがあったんですが、そのときは臨時休業で食べることが叶わず、もしかするとこれは運が良ければ食べられる的なお店なのかもしれないと勝手に思っています。**幻のホットク。**

大阪は、私が関西出身ということもあって、よく聞かれる質問が3つあるんです。**①大阪のたこ焼きってどこが美味しいの？　②ユニバで食べるなら何がおすすめ？　③大阪のお土産のおすすめ教えて。**今回はこの3つの質問に沿ってご紹介していきたいと思います。

まず**①おすすめのたこ焼き。**大学生のときに友達とノリで大阪のたこ焼きの食べ比べをしたことがあるんですが、これが面白いことにマジでみんな意見が分かれるんです。結論として、万人のナンバーワンみたいなところがないので、私の好みのトップ3をご紹介します。まず**「わなか」**。ここは生地自体に塩味が効いていて、そのまま食べてもイケるくらい生地が美味しいです。他と比べても飛び抜けて柔らかくてとろとろで、焼き目の香ばしさとのコントラストが素晴らしいです。次に、**「たこ家道頓堀くくる」**。ここは店舗が多くて、大阪以外にも店舗があります。そこがまず利点。ここの濃厚な甘いソースが大好きで、すごくクセになるんですよね。ソースだけでも販売されているので、ぜひ買ってみてください。あと、くくるはたこが大きいです。最後は**「甲賀流」**。甲賀流は生地に山芋がたくさん入っているらしく、生地がふわふわなんです。そして、ソースとマヨネーズと生地のお出汁とねぎが全部が合わさったときのバランスが最強。独断と偏見ですが、大阪の方は甲賀流が好きっていうイメージがあります。アメリカ村に本店があって、「学生時代に食べた思い出の味」って言っている方が多いので、そういう理由もあるのかもしれないです。甲賀流は網かけマヨネーズの元祖らしくて、あのたっぷりのマヨネーズとソースっていう組み合わせは若者の好みの味だと思うのでおすすめです。

続きまして②ユニバで食べるなら。これも完全に私の好みなんですが、**スモークチキン**が一番好きです。シンプルに鶏そのものの美味しさが味わえるし、何といってもテーマパークフード感がめちゃくちゃあるのが楽しい！　それと、**ジョーズドッグ**も好きですね。パンケーキみたいな生地にソーセージが丸ごと一本入っていて、私の大好きな甘じょっぱい系の味だし、見た目も100点です。あとは定番ですが**ミニオンまん**もユニバに来た！って気持ちになれるのでおすすめ。季節によって中身が変わるので、それも楽しいです。あとは、ニンテンドーエリアに入れたら、**こうらのカルツォーネ**も食べてほしい！　**ヨッシーのラッシー**とセットで食べるのが私のルーティンです。

そして③大阪のお土産。1つめは**「アンドリューのエッグタルト」**です。HPに「素朴で親しみやすく飾らない味のお菓子」って書いてあるんですがまさにその通り。お父さんが大阪の帰りにたまに買ってきてくれたんですが、それがすごく嬉しかったんです。だからお子さんのお土産にもおすすめしたいですね。手土産にも最適。2つめは**「551蓬莱《ほうらい》」のエビ焼売**。肉まんが有名だと思うんですが、薄皮で具の食べごたえがすごくあって美味しいんです。エビと豚肉がダブルで味わえるのもありがたい。お姉ちゃんがチルドの20個入りのセットを送ってくれるんですが、一口でパクっとイケちゃうのであっという間に20個を食べきっちゃいます。これは、通販でお取り寄せしてもいいかもしれません。3つめは、**「たこ家道頓堀くくる」のたこ焼きの粉と秘伝のソース**※。よく買ってきて自宅でタコパを開催するんですが、市販の粉とは比にならないくらいめちゃくちゃ美味しいのでそれもおすすめです。どの店舗でも扱っているわけではないみたいなんですが、通販でも買えるのでぜひ試してみていただきたいです。

以上、エミリンチャンネルの大阪の推しセレクションでした！

※道頓堀本店、JR 新大阪駅店、大阪国際空港店（伊丹空港）など一部の店舗のみの取り扱いです。

34

福井県

2023.11.10 UPLOAD

FUKUI

福井には何もない？　そんなことはありません！

福井県の方はみなさん謙虚なのか「福井なんて恐竜くらいで本当に何もなくて……」って謙遜される方が多い印象なんですが、絶対そんなことはないと思うのでここで私が福井の魅力を発信できたらと思っています。今回は恐竜以外の素敵なところを見つけよう！というのがコンセプトです。

まずは福井駅前の**ハピリン**という商業施設に入っている**「あみだそば 福の井」**へ行きました。大根おろし、とろろ、わさびの3種類のおろし出汁がついたおろしそば三昧というメニューをいただいたんですが、すごく美味しかった！　大根がめちゃめちゃ辛いんですよ。でもその辛みがそばの素朴な旨味と汁の甘さと絡まりあって、薬味みたいな役割を果たしているんです。わさびとかの辛さって、おそばとすごく合うじゃないですか。あの感じ。汁が甘い分、すごくいいアクセントになっていました。次に行ったのは、視聴者さんに教えていただいた老舗の和菓子屋さん**「羽二重餅《はぶたえもち》総本舗 松岡軒」**。どら焼きパンケーキをいただいたんですが、これが他に代替品がまったく思い浮かばないくらい唯一無二！　どら焼きの上に羽二重餅が乗っていて、これが雪見大福の皮みたいな餅系の食べ物を最上級に柔らかく&美味しくした感じ。アイスと生クリームとの相性がバツグンでめちゃくちゃ美味しかったです。お店自体も落ち着いた静かな雰囲気で、羽二重餅を買いに来る近所のおばあちゃんとかがいて、居心地が良かったです。穴場カフェ！

その後グランピングに行ったんですが、福井は素敵なグランピングやキャンプ施設がたくさんあって、自然も素晴らしい県なので、すごく魅力的だなと思いました。今回は**「ルポの森」**という施設に行ったんですが、ここがサービスが行き届いていて、アウトドア性能が限りなくゼロに近い私でも快適に過ごすことができました。ご飯もシェフが作ってくれるプランを利用していたので至れり尽くせり。私はほぼ座っているだけでした。ドリンクはアルコールも含めて飲み放題だし、地元のお野菜も食べ放題。そして、一流のシェフが作ってくれるキャンプ飯が本当に美味しかった！　キャンプ飯なのにシェフの味という非日常感が本当に不思議な感覚でした。夜、寒い中で飲む温かいスープが染み渡りました。共用施設で焚き火にあたれるんですが、私、焚き火が大好きなんですよ。それを伝えたら、コースのデザートを焚き火の席で食べられるようにしてくださったんです。ここのスタッフさんはお客さんのニーズをサッとキャッチして、サッとさり気なく動いてくださるんです。その気遣いが素敵だなと思いました。たまに野ウサギが火にあたりにくるらしくて、私が行った日も周りにたくさん集まってきていたんですが、私が焚き火を離れないせいでウサギさんたちが「近寄れない……」みたいな空気になっていたので、ちょっと申し訳なかったです。
朝ご飯もシェフの料理。グランピングだけど旅館みたいな過ごしやすさで、アウトドアってご飯を作ったり片付けたり、色々大変な事があると思うんですが、お部屋は快適でベッドもあって、**アウトドアのいいとこ取りができる最高の環境でした。**

２日目は**東尋坊**《とうじんぼう》へ。サスペンスドラマの定番スポットですね。本当に岩場のギリギリまで歩けるようになっていて、本当に落ちない？って思うくらいスリリングでした。特に、何を考えているのかドンキで買ったスリッパで来てしまったので本当にギリギリ。東尋坊は食べ歩きグルメも充実していて、海鮮とかアイスとか色々ありました。海鮮がめちゃくちゃ美味しかったのでおすすめです。「IWABA CAFE」でアイスラテを買って、折角なので岩場で飲んだんですが、海を見ながら飲む美味しいカフェラテ。すごく幸せな気持ちになれました。ここも混雑していないので、人が写り込まずに写真や動画が撮れるというのも良くて、すごくのびのび過ごせました。

私はすっぴん＆ジャージのダル着で旅行に行くのが好きなんですが、福井県はそんな格好でも気後れしないくらい、ありのままを受け入れてくれる素敵な場所でした。空気がすごく美味しくて、都会で疲れたメンタルが回復していくのが自分でもわかりました。本当におすすめです。

35

熊本県

2023.11.18/2024.03.15 UPLOAD

KUMAMOTO

私の旅館ランキングナンバーワン。

熊本は一度も行ったことなかったんですが、熊本の**「らくのうマザーズ」**のロイヤルミルクティーが大好きなんです。パックの飲料でめったに売っていないレアキャラなんですが、見かける度にテンションが爆上がりするので、熊本には勝手に思い入れがありました。

最初に熊本城の城下町、**桜の小路《こうじ》**で食べ歩きをしました。最初に**「天草 海《かい》まる」**というお店でうにコロッケをいただいたんですが、これがクリームコロッケになっていてめちゃくちゃ美味しかったです。しかもウニが結構しっかり入っていて、パクっと食べたらピュッて隙間からウニが溢れてくるレベル。めちゃくちゃ幸せでした。もったいないので食べこぼさないように注意してください。売り切れで食べられなかったんですがくまモンの人形焼もあって、テーマパーク好きとしてはテンションが上がりました。そして、桜の小路でぜひ食べていただきたいのが**「菅乃屋《すがのや》」**の馬刺しと馬肉のメンチカツ。馬刺しがニンニク系のタレで、それがすごいマッチしていて、海苔に巻かれているんですがこれがパリパリで、食感的にはネギトロみたいな感じ。動画では1個しか食べていないんですが、実はこのあと1個追加で食べています。メンチカツはお肉自体に下味がしっかりついていて、ソースなしでもイケる味。馬肉の美味しさがしっかり味わえるのでこれもおすすめです。

ここでは食べ歩きの途中に視聴者さんに声をかけていただいて、「これ、おすすめなので食べてみてください」って熊本のお土産を渡してくださったんです。それがすごく嬉しくて。私を見つけて急いでお土産を買いに行ってくれたんですよね。その気遣いがすごく嬉しかった！「BATON」のチョコレートをいただいたんですが、それも本当に美味しかったです。あのときはありがとうございました。

食べ歩きの後は『天才！志村どうぶつ園』のパンくんとジェームズくんが育った「阿蘇カドリー・ドミニオン」へ行きました。ここでぜひ行ってほしいのがミニブタレース。豚さんのレースの勝敗が全然予測不能で、それが面白いんですよね。名前もたくやとかいちろうとか人間みたいな名前だから、みんなで「たくや頑張れ！」とか言ってるのが個人的に面白くてツボでした。めっちゃ速い！と思ったら突然ご飯を食べ始めたり、やる気のない子がいたり、これを的中させるのは相当難しいと思います。あと、ここではくまに餌をあげられるんですよ。本当に森のくまさんみたいな感じで、「餌くださいよ〜」って立ってアピールしたり何とかして目立とうとしていて、それが本当に可愛かったです。

お宿は「阿蘇リゾートグランヴィリオホテル」に泊まったんですが、朝食をオープン前のゴルフ場を貸し切って食べられるプランにしました。それが新しい体験で面白かったし、朝から朝食コース料理をいただけてリッチな気分を味わうことができました。

熊本旅の動画をアップした後に視聴者さんから「白川温泉の『竹ふえ』っていう日本最高級の温泉旅館に行ってほしい！」っていう声をたくさんいただいて、2024年に追い熊本をさせていただきました。お昼に**「阿蘇はなびし」**というお店であか牛の牛カツをいただいたんですが、これが最高に美味しかった！　ランチは漬け物食べ放題になっているんですが、**きざみ大根**が特に美味しくて**後日お取り寄せしてしまいました。**白米ともめちゃくちゃ相性が良くて、これと白ご飯で一生イケるなっていうレベルで、もっと全国的に有名になってほしい！　個人的に超お気に入りなのでぜひ食べてみていただきたいです。

旅館の竹ふえは本当に素晴らしかった。まずおもてなしがすごくて、色んなところにアイスやラムネが置いてあったりしてそれが全部自由に飲み&食べ放題。お部屋の冷蔵庫にも飲み物がぎっしりでした。**全室露天風呂つき**というのもいいし、それとは別に**貸し切りの露天風呂が3種類**あるので、1日で色んなお風呂が巡れちゃうんです。15時頃にチェックインして、夕食までひとときも休むことなくずっとお風呂巡りをしていました。夕食はしゃぶしゃぶプランにしていたんですが、お肉が食べ放題なんです。しかも、絶対に食べ放題で出てくるようなお肉じゃない超高級なお肉！　追加で馬刺しも頼んだんですが、本当に美味しくて、**「これぞ高級旅館！」**という最高の気持ちになりました。

「47都道府県の中でどこの旅館が良かったか」と聞かれたら真っ先に竹ふえが浮かびそうなくらい良かったです。高級旅館なので価格的に旅の流れで泊まるというより、ここに泊まるために行くというのがしっくりくるイメージ。自分へのご褒美とか、カップルやご夫婦が特別な旅をしたいときにぜひ選択肢に入れていただきたい旅館だなと思いました。

36

大分県

2023.11.20/11.21 UPLOAD

OITA

ハーモニーランド、バズれー！

大分も初めてだったのですごく楽しみでした。熊本から車で約2時間くらい。初日はまず湯布院《ゆふいん》へ行きました。途中で九重町《ここのえまち》にある**「くじゅうやまなみ牧場」**に寄ったんですが、この周辺が**やまなみハイウェイ**というドライブコースになっていて、景色が素晴らしかった！　綺麗で青い空と緑の牧草とのコラボレーションが最高でした。やまなみ牧場はたくさんの動物がいて、中でも私の心を捉えて離さなかったのがまさかの鴨《かも》です。本当に可愛かった！　集合体恐怖症の方はしんどいだろうなっていうくらい数が多いんですが、餌をあげたときの食いつきがすごくて、まったく全羽に餌が行き渡っていないんだけど「絶対に自分が食べるんだ！」っていう熱量がものすごいんです。執着心が本当にすごくて、終わった後もずっと後をついてくるんですよ。「ごめん、もうないからついて来ないで」って言ってもついてくるから可哀想になっちゃって、動画を止めてから餌を追加してしまいました。「もうしょうがないな〜」みたいな感じで5回ほど。人生で初めて鴨に夢中になりましたね。その後、犬が鴨を誘導するみたいなショーがあって、そのときに鴨を抱っこさせてもらったんです。本当に可愛い。本当に好き。最高の体験でした。

　道すがらに寄った**湯布院の道の駅**でとり天をいただいたんですが、これがすごく美味しかったので共有させていただきます。鶏肉は基本的にむね肉が好きなんですが、大分の鶏はほとんどがむね肉なんですよ。ありがたい。柚子胡椒みたいなちょっと辛めのスパイスソースがかかっていて、あっさりしたむね肉と衣の油とスパイスの相性が最高でした。

由布院《ゆふいん》駅に着いて**湯《ゆ》の坪街道《つぼかいどう》**で食べ歩きをしたんですが、**「パニテカ桜家《さくらや》」**の豊後牛のイチボの串焼きがすごく美味しかったのでおすすめです。有名な行列店**「金賞コロッケ」**も美味しかったです。王道のコロッケなんですが、衣が薄くてじゃがいもがホクホクで、ちょっと胡椒が効いているのかな？ それが程良いアクセントになっていてすごく美味しかった。**観光地で人気の串&コロッケは本当に美味しい**ということを、今回の旅を通じて確信しました。**「湯布院フローラルヴィレッジ」**に寄ってリスに餌をあげたんですが、初めて餌を拒否されました。今までの動物は**「我先に！」「何としても！」**みたいに餌に対するモチベがすごかったのでびっくりしましたが、観光客がひっきりなしに餌をあげるからお腹がいっぱいだったのかもしれません。盲点でした。

お宿は**「すみか」**に泊まりました。ここは、**晩ご飯のお刺身の量がすごくて、今まででダントツのボリューム！** すごくお得感があったし、味もめちゃくちゃ美味しかったです。あと、宿に入る前に買った**かぼすと乳酸菌**というドリンクが美味しかったので、大分に行った際にはぜひ飲んでみてください。

2日目は大分で一番楽しみにしていた**「サンリオキャラクターパーク ハーモニーランド」**へ。ここは視聴者さんからのリクエストが本当に多かったんです。遠いのでなかなか行く機会がなかったんですが**すごく穴場のテーマパークでした。**まず、ほとんどのアトラクションが並ばずに乗れます。ピューロランドと共通のアトラクションもあって、ピューロなら1～2時間待つようなものもすぐに乗れるのが最高でした。ショーもすごく良くて、ステージを中心にその周りをパレードしてくれるスタイルだったので、どこで見ても全キャラが目の前に来てくれるし**キャラのファンサも手厚い！**誕生日のバッジをつけていたら、キャラもダンサーさんもみんなバッジを指さして拍手をしてくれたり「おめでとう！」って言ってくれたり、**距離感が近くて最高だなと思いました。**ハーモニーランド限定や大分限定のサンリオアイテムもたくさんあったのでお買い物も楽しかったです。フードもピューロランドと共通のものが多かったんですが、微妙にパッケージが違ったりしてその違いを探すのも面白かった。特にドリンクのカップがハーモニーランドの観覧車のデザインになっていてすごく可愛かったのでおすすめです。客層はお子さん連れのご家族と若い女の子たちがほとんどで、すごく平和な空間でした。大自然の中のパークなので景色も素晴らしくて、園内やアトラクションから見える景色がすごく雄大でのどかなんです。園内でめちゃくちゃでかいカマキリにも出会いました。私のテーマパーク体験の中で一番ゆっくり楽しめたかもしれません。可愛いご飯を食べて、ゆっくりキャラクターと触れ合えて、自分のペースで好きに遊べる。こんなテーマパーク体験は初めてで、本当にすごく良かったです。もっともっと流行ってほしいし、ずっと長く続いてほしい。サンリオが好きな方もそうでない方も、**ぜひハーモニーランドに行ってみていただきたいです。**

37

宮崎県

2023.11.25 UPLOAD

MIYAZAKI

心が丸裸になる南国、宮崎。

宮崎は、大分から車で向かって夜に到着。**「シーガイア」**の**「シェラトン・グランデ・オーシャンリゾート」**というホテルに宿泊しました。ここはホテル内にレストランがたくさん入っていて、しかも宮崎の名物を出してくれるお店が多いんです。**「米九《こめきゅう》」**というお店でひなたしゃぶ鍋のコースを頼んだんですが、当たり前ですがめちゃめちゃ美味しかったです。今回初めて知ったんですが、宮崎は**へべす**という柑橘が特産で、柑橘類大好きな私の心を見事にキャッチしてくれました。見た目はかぼすと似ているんですが、軽く搾るだけでフルーティな果汁が滴《したた》るんです。優しいまろやかな酸味で、香りもすごくいい！　料理長にニラ醤油とへべすを混ぜたつけダレを薦めていただいたんですが、これがマジで美味しくて、一生白米を食べるのを止められなくなるかと思いました。このホテルでは**私の大好きな焚き火**をやっていて、スモアやポップコーンを食べながら火にあたれるんです。このときキャンプ動画を観るのにハマっていて、「スモアって美味しいの？」って思っていたんですが、ここで初めて食べて知りました。**めちゃくちゃ美味しい。**そんな発見を宮崎が教えてくれました。ポップコーンもお塩が宮崎のもので、これも美味しかった。端々《はしばし》に宮崎要素を取り入れてくれるので、地元感を浴びたい観光客としてはすごくありがたかったです。翌朝の朝食ビュッフェも最高でした。おにぎりのバイキングがあって、これも具を選んでその場で握ってもらえるので実演販売みたいで新鮮でした。そしてなにより冷汁《ひやじる》！　ここで食べてからというもの冷汁が大好きになって、帰ってからも自分で作って毎日食べるという**冷汁無限ループモード**に陥りました。本場のものとは違うかもしれないんですが、ネットで調べると結構簡単な作り方も紹介されているので、ぜひ試してみてください。

宮崎には**推しドリンク**がありまして、それが**ヨーグルッペ**。ヨーグルッペが好きということはさんざん動画でも言ってきたんですが、ヨーグルッペは宮崎の会社さんが作ってるんです。これもなかなか出会えないレアアイテムなんですが、宮崎ではそこかしこで売っていて「なんて素敵な世界なんだ！」とテンションが上がりました。ヨーグルト特有の酸味やクセがなくて、まろやかで飲みやすいので誰でも美味しく飲めると思います。激推し。

2日目は**青島**に行きました。**自転車で行くのがおすすめ**ってネットで見たので、総合運動公園の案内所で自転車をレンタル。1日で500円でした。ネットに書いてあった言葉の通り、本当に自転車で行って良かったと思いました。道も広いし人も少ないし、サイクリングロードを走っていると**「この道は全部私のもの！」**みたいな気持ちになれて、モアナの歌を熱唱しながら走り抜けました。**青島神社**に行ったんですが、海の中にぽつんと佇んでいる神社ですごく神秘的でした。お守りにヤシの木の刺しゅうがしてあってそれが可愛くて、今も大切に飾っています。青島の対岸に食べ歩きができるスポットがあって、**「青島」**という色んな食べ物を売っているお店で肉巻きおにぎりを買ったんですが、ここでもまた出会ってしまったんです、**中毒ソングに。**肉巻きおにぎりのテーマソングなんですがこれが耳から離れなくなってしまって……。動画を上げている人がいたので一時期それを作業用BGMにしていました。途中セリフパートがあったりして終始意味不明で、肉巻きおにぎり以外の情報が一切入ってこないんですが、だがそれがいいみたいな。クセになる曲です。動画の該当箇所のQRも用意したのでぜひ聴いてみてください。肉巻きおにぎりもとっても美味しかったです。その後**「パラボラチョ・カフェ」**というお店で飲んだマンゴージュースも最高でした。動画で撮っていないところでもちょこちょこ食べたり飲んだりしたんですが、宮崎マンゴーとつくものは全部美味しかったです。チキン南蛮の発祥の店**「味のおぐら」**にも行ったんですが、ここのチキン南蛮はタルタルソースがまろやかで、クセがなくて食べやすかったです。誰もが美味しいって満足できる味ですね。帰る前に宮崎空港でもう一度冷汁を食べました。空港ってどこもチェーン店が多いんですが、宮崎空港は地元ならではのお店が多くてすごくいい。最後の最後まで宮崎を楽しめます。

宮崎は日本なのに南国感があって、心が穏やかになって、色々語りたくなる。そんな美しさがありました。この日の動画でも普段は言わない本音を語ったりして、ここで恋愛リアリティショーを撮ったらめっちゃ面白くなりそうとか1人で妄想していました。

余談ですが、今回熊本→大分→宮崎というルートで回ったんですが、レンタカーの乗り捨てシステムを使って熊本の空港で借りて、宮崎で返却しました。ちょっと割高になるんですが、旅行にとっても便利なシステムなのでおすすめです。

38

秋田県

2023.11.29 UPLOAD

AKITA

通いたいほど大好き、秋田。

秋田の方は本当に謙虚で、「秋田に来てもらっても楽しめるか心配です」って声が多かったんですが、私は秋田がすごく大好きです。特化した何かがあるというより、全体の雰囲気が良い！　のどかで静かで、星がすごくきれいでご飯が美味しい。地元の方も優しくて、すっかり秋田のファンになったということだけ先にお伝えさせていただきます。

秋田には飛行機で行ったんですが、最初に視聴者さんに教えていただいた**「スープホリック」**で朝ご飯をいただきました。すごくおしゃれで、人生で食べたスープランキング第1位です。かぼちゃのスープと海老の濃厚ビスクを食べたんですが、どちらも120点みたいな美味しさで、どうやったらこんな素材本来の味を極限まで引き出せるんだろうっていうくらいの自然の美味しさ。このスープのためにもう一度秋田に行きたいくらいです。

朝ご飯を済ませて**「秋田市民市場」**に行ったんですが、ここがすごく良くて、牡蠣が売っているんですが、見ていたらおじちゃんが「食べてく？」みたいな感じで生牡蠣をテーブル席で食べさせてくれたんです。めっちゃくちゃ美味しかったし、市場で食べさせてもらうのが初めてだったので新鮮でワクワクしました。ここの方々はみんなコミュ力が高くて、語尾が「だべ」なので話し方もすごく可愛いし、めっちゃ楽しかったです。ただ、おばあちゃんたちの言葉はマジで聞き取れないです。わかったフリして「あ、そうですね～」とか答えていたんですが本当はわかっていませんでした。格好つけて申し訳ありません。、市場では**「いちばん寿司」**で回転寿司も食べました。食べログの評価が高かったんですが、どれも新鮮でリーズナブルだし、シャリは酸味控えめ、もちもちでほんのりあたたかいお米が美味しい。本当に何を食べても美味しかったのでおすすめです。あと、夕食の食材も市場で調達しました。イカを2杯組で売っていて、お店のおばちゃんに「2杯くらいペロッと食べられるよ」って言われたんですが、他にも色々買うから食べきれないかもと思って諦めようとしていたら、1杯を半額で売ってくれました。優しい！　でも、2杯で買っておけばよかったと後で後悔しました。本当にペロッと2杯食べられる。柔らかくてほんのり甘くて、イカのお刺身本当に美味しかったなぁ……。あら汁に使うあらも安くて、ホタテも美味しかった。秋田の海鮮は本当にどれも美味しかったです。

八峰町《はっぽうちょう》にある**「とうふ工房・松岡食品」**にも立ち寄りました。ここの豆乳ソフトクリームがめちゃくちゃ美味しかった。甘さ控えめでヘルシーであっさりしていて……。お店のおばあちゃんもすごく可愛かったなぁ。おからドーナツも買ったんですが、このドーナツがコンビニでも売られているのを見かけて、地元で愛されているお豆腐屋さんなんだろうなぁとしみじみ。さらに秋田が好きになりました。

「CRANDS《クランズ》」という施設に泊まったんですが、ここが一棟貸しのタイプで、1日1組限定になっているんです。暖炉もあるし、薪が大量に置いてあって焚き火好きにはたまらないです。自分で薪割りができるのも面白かった。ここはかなり風が強いらしくて、外での焚き火が難しいこともあるんですが、オーナーが「雨でも風が強い日でも大丈夫なようにコテージの中にも暖炉を作ったんです」とおっしゃっていて、気遣いが行き届いていてすごく優しいですよね。調味料や調理器具も揃っていて、買ってきた食材でカレーを作って食べました。ここは本当に良かった！ **動画を振り返っているとまた行きたいな～と思います。**

スーパーで**「サキホコレ」**というお米を買ったんですが、これがすごく美味しかったんです。後で調べたら**「日本人の口に合うように」というコンセプト**で開発されたお米らしくて、一粒一粒がしっかり粒立っていて、モチモチとした弾力感もあって、噛むほどに甘さが広がる感じで本当に美味しかった。おすすめです。

2日目に視聴者さんのおすすめで**「Café 赤居文庫《あかいぶんこ》」**というカフェに行ったんですが、ここが本屋さんみたいでおしゃれで素敵でした。アイスカフェラテを頼んだんですが、量がすごく多くて美味しくて、ちびちび飲みながらゆっくり長居したいな～と思う感じ。クレープも美味しかった。ここはぜひ行ってみていただきたいです。

秋田はおしゃれなカフェが多くて、いわゆるみんなが想像するザ・田舎というのとも違うんですよね。栄えてる場所もたくさんあるし、カフェ巡りだけで1本動画が撮れそうなくらい。おしゃれなご飯屋さんも多かったです。自然も、今どきのおしゃれなお店も、地元の美味しい料理も全部楽しめるバランスの良さがすごく良くて、本当にいい街でした。また行きたいな～。

39

鳥取県

2023.12.02 UPLOAD

TOTTORI

街全体が妖怪のテーマパーク！

鳥取は空港の名前を聞いた瞬間もう大好きになりました。**鳥取砂丘コナン空港**と**米子鬼《よなご》太郎空港**。今気づきましたが、どっちも高山みなみさん※ですね。今回は鳥取砂丘コナン空港だったんですが、本当にコナンだらけで、CAFEポアロを再現したコーナーには安室透や小五郎の等身大フィギュアもあって、ファンにはたまらないですね。

まずは鳥取市の鳥取砂丘へ。まずはいつものごとく砂丘で世界を自分のものにしたりして楽しみました。**「鳥取砂丘会館」**のアイス屋さんで二十世紀梨プレミアムソフトクリームを食べたんですが、これがすごく美味しかったのでおすすめ。お子さんも好きな味だと思うし、お菓子感覚で食べられます。あとは、視聴者さんから「絶対行ってください」って言われていた**「すなば珈琲」**も行きました。鳥取県民の方は「スタバはないけど、すなばがあるんで楽しんでください」って言うんです。ちょっとひょうきんな自虐みたいなテンションで教えてくださって、明るくてすごくおおらかなんだなぁと思って、思わずフフッ（笑）ってなりました。すなば珈琲はチェーンとして大成功しているみたいで、店舗数もめっちゃ多いんです。地元の方にすごく愛されてるんだなぁと実感しました。

実は朝に鳥取砂丘でご飯やラクダの乗車体験をする予定だったんですが。ネットの情報がまた更新前だったらしく、営業時間が表記と違っていて予定が崩壊。コロナ禍以降まだ完全に元に戻っていないみたいで、そういう地域がまだあるということを頭の片隅に置いて

※2007～2009年放送のアニメ5期で鬼太郎を担当。

いただいたほうが良いかもしれません。
ラクダを諦めて、境港市《さかいみなと》の**「水木しげるロード」**へ行きました。砂丘からは結構ありましたね※。街の中に妖怪がたくさんいて、銅像とか、のれんとか、自販機とかにもいたり、街一帯が妖怪だらけ。ここまで振り切ってるのはすごいなと思いました。街全体が鬼太郎のテーマパークみたいな。最初に**「水木しげる文庫」**というお店のテイクアウトカウンターで大山《だいせん》チュロドッグをゲット。今思い返してももう一度食べたくなります。チュロスの生地が表面がカリカリで、生じゃないのにモチモチ感がすごい。こんなに美味しいチュロス食べたことないです。お店に水木しげる先生ご本人が描かれた絵があって、お店の方がすごく誇らしげに教えてくれて。先生は結構気さくな方で、絵とかサインを積極的に描いてくださったみたいです。いい話を聞けました。
その後**「和泉《いずみ》」**で大漁丼を食べました。結構空いていて穴場じゃんと思ったんですが、食べ終わった頃には急にとんでもない行列ができていて、実は海鮮丼で有名なお店だったそうです。タイミングが良かった。もしかすると私は天候に恵まれない代わりに、混雑を回避できるという特性を持っているのかもしれません。個性・タイミングですね。
一番食べたいと思っていた**「妖怪食品研究所」**の妖菓・目玉のおやじというおまんじゅうが売り切れていて大ショックでした。お昼頃だったのにもう売り切れていたので、すごく心残りです。**「ゲゲゲの妖怪楽園」**では、妖怪くじとか、妖怪ラテが飲めたり、妖怪グッズやお

※ほぼ県の端と端です。

土産もめっちゃ可愛くてすごく良かった。道すがらねずみ男とグリーティングすることができたんですが、ねずみ男がまったく意思疎通ができなくてめちゃくちゃ面白かったです。超可愛かった。ランダムで登場するみたいで、いつ行くかによって誰に会えるかはガチャみたいです。**「妖怪工房&鬼太郎幽便《ゆうびん》屋さん」**に妖怪ポストがあって、ここでは出した手紙が5年後のお盆に自分のもとに届くようになっていて、板のはがきにポスカで塗り絵をして35歳の私宛にエールを届けました。お子さんがたくさんいて、家族旅行でちょっと休みたいなっていうときにお子さんに色塗りをしてもらって、大人組はちょっと休憩みたいな感じなのかな？　すごくいい時間の使い方だと思いました。

水木しげるロードはＡＴＭに「妖怪に聞かれても暗証番号を教えないでください」って書いてあったり、不思議な世界に迷い込んだみたいな感覚になれてすごく楽しかった。『ゲゲの鬼太郎』は子どもの頃に観ていたなぁくらいの感覚だったんですが、そんな私でもワクワクするくらい。それに、お店の方とかも水木先生のことを本当に誇らしげに話してくれるんです。水木先生は地元の神様みたいな感じで本当に愛されてるんだなぁと感じました。そうやって街の人達に愛されて、街全体が鬼太郎の世界に染まっちゃったみたいな素敵さ。これだけ街興《まちおこ》しに貢献されていて、本当にすごいなと思いました。明石市にもエミリンパークができないかな。鳥取はすごく楽しくて、海鮮が本当に美味しかったです。

40

島根県

2023.12.11 UPLOAD

SHIMANE

食・食・食・鳥、出雲旅。

島根は鳥取から移動してきました。夜に着いて、視聴者さんにおすすめしてもらった居酒屋さん**「神門《しんもん》」**に行ったんですが、調べたら今は閉業されてしまったみたいです。残念。

島根のお目当ては**出雲大社《いずもたいしゃ》**です。門前町に食べ歩きに良さそうなお店が集まっていたので、最少限の移動で楽しむことができました。出雲大社にお参りする前に**ご縁横丁**の**「光海《こうみ》どり」**で名物の大社からあげを食べたんですが、1個1500円で1羽の1／4サイズの骨付き地鶏が食べられるんです。ちょっと高いなと思ったんですが、実際に見たらめちゃくちゃ大きくてびっくり。すごく美味しかったんですが、シェアして食べるのがおすすめです。揚げたてをいただけるので15～20分くらい待ち時間があって、その間周辺をプラプラしていたら**ひどいおみくじ**というガチャガチャのおみくじを発見。八十神《やそがみ》を題材にしたおみくじらしいんですが、内容は本当にひどかったです。小吉だったんですが、文字も小さくて**「文字が小さいと思いましたか？　器も小さいですね」**みたいな感じでやたら煽ってくるんですよ。「忙しくて寝てないアピールをする」とか「ちょっと返信が遅れただけで既読スルーと騒ぐ」みたいな、若者の嫌なやつあるあるみたいなのがぎっしり書いてあって面白かったのでみなさんもぜひやってみてください。

その後**神門通《しんもんどお》り**に移動して**「福乃和《ふくのわ》」**でおふく焼きをいただきました。たい焼きならぬふぐ焼きで、見た目も可愛いし薄い生地にたっぷりのあんこですごくお得感があります。あんこ欲が満たされて幸せな気持ちになりました。焼きたてがいただけるのもありがたい。出雲はおそば屋さんが多くて、〈食べログ上位&視聴者さんのおすすめ&行列店〉の美味しさ確約3点セットを満たした**「砂屋《すなや》」**に行ったんですが、1時間以上はかかるであろう大行列で断念。ここに行く場合は待つ覚悟が必要かと思いますのでご注意ください。こちらも食べログの評価が高かった**「一福《いっぷく》」**で食べたんですが、程良く混雑していたものの、並ばずに入れました。出雲のそばはぶっかけがスタンダードみたいなんですが、それが新しくて楽しい&美味しかったです。ここは薬味やトッピングが色々あって、味変《あじへん》が楽しめたのも良かった。おそばは食べ歩きの胃袋を埋めすぎることもなく、座ってゆっくり食べられるという点でもバランスがいいなと思います。門前町の少し外れにある**「沖野上《おきのがみ》ブルーカカオ」**というチョコレート専門店に行ったんですが、ここは古民家カフェみたいで素敵でした。カカオ豆アイスクリームをいただいたんですが、甘さが控えめなのに苦みもなくて、チョコレートの風味を100%味わえる。す――ごく美味しかったです。大人向けの味なんですが苦くない。チョコチップが入っているんですが、歯触りが良くて本当に美味しかった。**これはいいお店に出会ったな**と思ったので、ぜひ行ってみてください。食べ歩きのシメに**「出雲ぜんざい餅」**というカフェで出雲ぜんざいをいただいたんですが、白玉が入っているタイプでこれもめちゃくちゃ美味しかったです。出雲大社はここが特に美味しいというより、**まんべんなく全部のレベルが高かったです。**

40.島根県
SHIMANE

私は雨女なので当たり前のように雨が降ってきたんですが、屋根がついている**「松江フォーゲルパーク」**へ行きました。花と鳥の楽園みたいな感じで、鳥のショーが楽しかった！ 鳥に餌やりもできます。餌箱の最前列で待機している子がいて、すごく張りきってるのはわかるんだけど君のせいで餌箱が開けられないんだよという矛盾に陥っていました。可愛かったです。ここの鳥達がかしこくて、財布を持った瞬間に「餌くれる!?」と察して肩に乗ってくれるんです。動画に収められなかったんですが、最終的に5羽くらい乗ってくれました。長いくちばしで1粒ずつフルーツをゆっくり食べるのが可愛くて、すごく癒やされました。他にも鴨に1000円であげられるバケツの餌があって、大分以来鴨が大好きなのでもちろん買いました。バケツをひっくり返すと鴨達がプチパニックみたいな感じで群がってくれるんですよ。シャンパンをおろすお客さんの気持ちがわかりました。1000円でこれだけの待遇を得られるなら安いもんです。

最後に出雲縁結び空港でしじみラーメンをいただいたんですが、空港でご当地のものが食べられるのはいいですね。美味しかった。保安検査の後のゲートエリアにある**「JAL PLAZA」**で食べられるんですが、旅のシメに最高です。

余談なのですが、私**「大山《だいせん》乳業」**の**白バラフルーツ**が大好きなんです。鳥取のものなんですが、島根でもスーパーなどで手軽に手に入れることができて旅の間何度も飲んでいました。山陰地方以外だとレアキャラなので、見つけたら飲んでみてください。

41

広島県

2023.12.15 UPLOAD

HIROSHIMA

優雅な鹿と美しい紅葉、日本の美しさに気付かされる宮島。

広島は宮島※に行きました。宮島に向かうフェリーが修学旅行の学生さんでいっぱいで、すごくにぎやかで楽しそうで、見ていて微笑ましい気持ちになりました。男子がキャッキャはしゃいでいて、女子はヒソヒソ恋バナしたり、カップルがちょっと離れて海を見ていたり、青春っていいなと思いました。**エミリンおばさんの心は甘酸っぱい気持ちでいっぱいです。**

嚴島神社《いつくしまじんじゃ》までの道に食べ歩きができるお店がたくさんあるんですが、広島なのでまずは牡蠣から行こうと思って大越《おおごし》水産直営の**「かきふくまる」**で焼き牡蠣をいただきました。シンプルに美味しかった。磨き抜かれた、原点にして頂点みたいな美味しさでした。あと、宮島横丁の**「正木屋」**《まさきや》というお店で歩き牡蠣おこという一口お好み焼きみたいなのを食べました。うずらの卵が乗っていて、見た目がすごい可愛いし、ネーミングがもう100点！牡蠣の風味も効いていて、お好み焼きソースのパンチある味と交わって最高でした。広島風なので生地がパリパリで焼きそばとの相性も良い。ただ、食べるのが難しかったので、好きな人の前で食べるときは注意が必要だと思います。その後、喉が渇いたな〜と思って

※正式名称は厳島。お宮（嚴島神社）があることから通称で宮島、安芸の宮島と呼ばれています。

41.広島県
HIROSHIMA

リセットを兼ねて**「HYAKKOYA《ひゃっこや》」**の瀬戸田産のレモネードをいただきました。レモンが山ほど入っていて「レモンです！」みたいな味。冬でも冷たいレモンが美味しいと感じたので、夏に飲んだらきっと最高だろうなぁ。あと、**「開運処 仁舎《じんしゃ》」**で買った黄金の牡蠣フライがめちゃくちゃ美味しかったです。揚げたてを串でいただくスタイルで、本当に美味しかった！ 宮島は作り置きじゃなくできたてで出してくれるお店が多い気がしました。その後は**「紅葉堂《もみじどう》」**で揚げもみじを食べたんですが、これは宮島で食べてもらいたいものナンバーワンです。色んな味があるんですが、カスタードがおすすめ。饅頭というより揚げパンみたいな食感で、衣はサクサクで軽くて、クリームはたっぷり。胃袋さえ許せば全種類食べたかったです。

宮島は鹿がすごく優雅なんです。奈良の鹿はもっとグイグイ来る感じだったんですが、餌やりが禁止されているからか、立ち居振る舞いが優雅。あまりの優雅さにたまに猫に見える瞬間すらありました。この本の冒頭にも載せているんですが、写真屋さんで大鳥居をバックに鹿と記念写真を撮ってもらえるんです。これめっちゃおすすめです。写真屋さんと鹿がすごい仲良しで、名前で呼んでたりして見事な鹿マスターでした。

メイン通りから階段を登って、**「天心閣《てんしんかく》」**という素敵なカフェにも行きました。高台から厳島神社が見下ろせて、五重塔がきれいに見える絶景スポット。ただし、階段をしこたま上ってやっとたどり着けるので、運動靴で行ってほしいし、足腰が弱い方は注意してください。ここでいただいたチーズケーキとオレンジジュースが本当に美味しかった。景色補正も相まって本当に最高だったんです。動画で見るより肉眼の景色の方が何倍も素敵なので、ここはぜひ行ってみていただきたいです。入館料があったり、ちょっとコストはかかるんですが、それだけの価値がある贅沢な時間が過ごせます。宮島は木造の建物が多くて、紅葉の時期だったのですごく日本を感じることができました。

広島駅に戻ってきて、駅ビルに入っている**「電光石火《でんこうせっか》」**でお好み焼きをいただきました。ここが具だくさんで麺もたっぷりでとにかくボリューミー。でき上がったものを鉄板で持ってきてくれるので、熱々のまま食べられるのが良かったです。ソースがすごく甘口で、私は甘いソースやお醤油が大好きなのでたまらなかったですね。卵も生地もソースも全体的にシズル感が強くてトロトロ。1つでお腹がいっぱいになってしまったんですが、焼き牡蠣とか鉄板系のメニューもあったのでそれも食べたかったなぁ。

宮島で**自宅でできる揚げもみじのセット**と**牡蠣醤油**をお土産に買ったんですが、揚げもみじが姪っ子ちゃん達に大好評だったのでぜひ買ってみてください。通販もあります。牡蠣醤油はめっちゃ牡蠣！というよりほんのり風味がするくらいの甘いお醤油で、卵かけご飯にしたらめちゃくちゃ幸せになれるので、これも見つけたら買ってみてください。

広島はどこで食べても間違いなし！ってくらい牡蠣が美味しかったです。東京よりもリーズナブルだし、牡蠣好きにはたまらないと思います。私も牡蠣が大好きです。

42

山口県

2023.12.19 UPLOAD

YAMAGUCHI

次はお母さんと来たい、長門湯本。

山口は長門湯本《ながとゆもと》温泉に行きました。ここが超穴場でめちゃくちゃ良かったです。最初に**「さくら食堂」**でランチを食べたんですが、長州どりの焼き鳥とながとりめんというラーメンみたいな鶏そばが超美味しかった。ラーメン屋さんとして単独で出してもイケるレベルで、鶏チャーシューが絶品でした。あっさりしているのに噛めば噛むほど味が滲みだす優しい味。女性の方はきっとみんな好きな味だと思います。長州どりは鶏本来の旨味が濃くて、お肉を食べているという充実感あり。野菜の串も美味しくて、何を頼んでも美味しいお店でした。その後街をお散歩しながら食べ歩きをしたんですが**「瓦《かわら》そば柳屋《やなぎや》」**がテイクアウトでお団子を販売していて、オーダーしてから七輪で焼いてくれるんです。お団子が小粒で可愛くて、しっかりとした焼目にたっぷりと蜜がかかって見た目がもう幸せの塊。長門湯本は川床《かわどこ》に座って食べられるスペースがあってすごく良いんですよね。ベンチも用意されていて、食べ歩き特有の「どこで食べればいいの!?」というお悩み知らずです。平日だったので人も少なくて、温泉街なのに閑静な住宅街みたいな不思議な雰囲気。いい意味で田舎感があって、リアルに自分のおばあちゃんちを思い出しました。柳屋の上には古民家をリノベーションしたカフェがあって、ここがすごくおしゃれでした。「THE BAR NAGATO」といって、昼はカフェ、夜はバーになっているみたいです。どこもかしこもインスタに映えそうで本当にフォトジェニック。チーズケーキとカフェラテをいただいたんですが、窓際の席で温泉街の川を眺めながらいただくラテは最高でした。今回、旅を通じて**日本全国のチーズケーキのレベルがめちゃくちゃ上がっている**と思っていて、競争率が高いから必然的にレベルが上がったのかしら？　ここも本当に美味しかったです。ノスタルジックでエモい隠れ家みたいな雰囲気で、温泉街でこういうテンションのお店はなかなかないと思います。おしゃれな服や雑貨も売っていて、テンションが上がりました。他にも、お土産屋さんとお茶屋さんが併設されたお店がちらほらあったので、お茶とお買い物がどちらも楽しめるのもいいなと思いました。

その後、山口の視聴者さんから教えていただいた**「吉富幸進堂《よしとみこうしんどう》」**でワッフルを買いました。ここがめちゃくちゃ良くて、昔ながらの街の商店みたいな感じで、雑貨とか食品とかも売っていて、そこに地元の方が来てみんな**すごい量のワッフルを買っていくんです。**完全に地元の愛され店なんですよ。家族で集まってお茶と一緒に食べるんだろうなぁとか、地元の方の日常が垣間見えた気がしてすごく良かったです。私は2個買ったんですが、むしろ「2個でいいんですか？」みたいな空気が流れて面白かったです。

お宿は**「界《かい》 長門」**に泊まったんですが、ここが2020年にオープンしたばかりですごくきれいでした。令和の時代に合わせて快適に造られていて、それでいて土地の伝統的な文化がそこかしこに取り入れられていてすごく良かったです。昔ながらの風情《ふぜい》のある温泉街と新しい旅館。両方が同時に味わえて、他では経験したことがない新鮮な温泉体験でした。

このお宿では**大人の墨あそび**というのをやっていて、山口の伝統的な墨や硯《すずり》でお習字ができるんです。学生時代以来久しぶりに習字をしたんですが、めちゃくちゃ楽しかったです。自由に好きなものが書けるし、墨の匂いがすごく良い。年賀状だったので辰を描いたんですが、元旦に届いた実家をザワつかせてしまったので、もしかしたら私は絵が下手なのかもしれません。みなさんはどう思いますか？

夜は山口ということもあって、**ふぐづくし。**本当に美味しくて、また柑橘の話で申し訳ないんですが、みかんと一緒に食べるふぐ鍋がすごく美味しかったです。何でこんなに相性がいいの!?ってびっくりしました。革命。すだちともみじおろしで食べたんですが、それがまた最高でした。ふぐって老若男女問わず誰でも美味しく食べられるなって改めて思いました。お刺身に唐揚げ、お鍋までふぐのフルコースだったんですが全然飽きないんですよね。今後も積極的にふぐを食べていきたいなって思いました。朝ご飯もすごく美味しかった。食事処の窓から川辺が見えるんですが、温泉街特有の静かな時間が流れていて、今度はお母さんと一緒に行きたいなと思いました。

長門湯本は、**親を連れて来てあげたら絶対喜ぶだろうなって思います。**足場も良くて歩きやすいし、コンパクトにまとまっているので疲れないし。もちろん、「歩きたくない」「でも美味しいもの食べたい」「とにかくゆっくりしたい」というボーイ&ガールにもぴったりだと思います。あくまで個人的見解です。

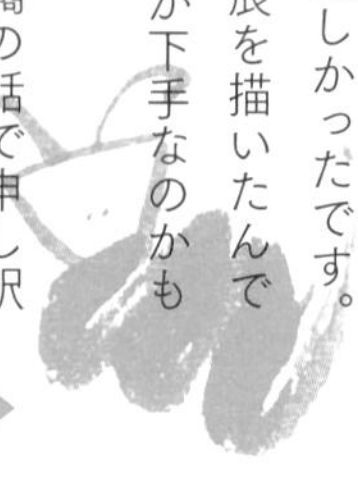

辰です ▶

43

和歌山県

2023.12.26 UPLOAD

WAKAYAMA

どうも、元有田みかん大使です。

和歌山は「アドベンチャーワールドに来て！」という声が多かったんですが、私がチェックを怠《おこた》ったせいで悲しいことに休館日だったんです。お休みが結構フレキシブルだったのでみなさんもご注意ください。なので、次にリクエストの多かった**「和歌山マリーナシティ」**に行くことにしました。個人的にはどちらもテーマパークということで行きたいなと思っていたので結果オーライです。

マリーナシティは初めて行ったんですが、ここがすごく面白くて、園内に**「黒潮市場《くろしおいちば》」**という海鮮市場があるんです。さっきまでのヨーロッパの街並みはどこへ？みたいな。普通におっちゃんがお魚を直売していて、買ってその場でバーベキューもできますよみたいな感じ。最初にホタテを食べたんですが、一口で心をがっしり掴まれました。マグロのお寿司もめちゃくちゃ美味しかった！　赤身なんだけど、筋もなくて中トロくらい柔らかいんです。赤身のあっさり感もありつつ、食感はトロといういいとこ取りのマグロでした。私はここで初めて和歌山のマグロが有名っていうことを知ったんですが、全国各地を巡っていると新しい学びがあって嬉しいです。みかんとパンダというイメージに、海鮮最高が新たにラインナップされました。マグロの解体ショーもやっていて、平日なのにすごい混雑していました。場所取りしている人もいて、気合いを入れないと後ろの方で全然見えないみたいな状態になるので、これから行く方は開催時間をチェックして備えることをおすすめします。

解体ショーが終わった後はさばいたお刺身がそのまま販売されるんですが、動画を見返して当時の自分を羨ましく感じるほどに美味しかったです。

和歌山には個人的に思い入れがあって、ウィキペディアにも載っているんですが私、昔「有田みかん大使」をやっていたんですよ。5人中4人は和歌山出身とか和歌山に縁があって、私1人だけ「みかんが好き」で就任しました。ここまで何度も柑橘の話をしてきましたが、本当にそのくらい好きなんです。未だに私の中で誇らしい経歴です。市場でみかんジュースをいただいたんですが、やっぱり美味しいですね、有田みかん。お土産に「早和果樹園《そうわかじゅえん》」の飲むみかんを買ったんですが、柑橘系のジュースでこれが一番好きかもしれません。「ふみこ農園」のまるごと温州《うんしゅう》みかんという瓶詰めもおすすめで、缶詰みたいにシロップに浸かってるのかなと思ったら、ジュレゼリーになっていてすごく美味しかったです。お土産に買ったら絶対喜ばれると思います。ちなみに、有田みかんの中に「味一《あじいち》」という選ばれし最高級のみかんがあって、毎年箱買いしているんですが、ぜひみなさんにも食べていただきたいです。

園内に「ワクワクいきものワールド」があって、ここは1000円で入れます。色んな生き物がいるんですが、アヒルが当たり前のようにカピバラの部屋にいたり、アニマル自由度が高かったです。カメとカピバラとアヒルが共生していて、全員マイペース。「ねえ、カピバラくん、カメさんの餌食べてない?」みたいな。動物の餌やり体験はどこでやっても楽しいので、みなさんもぜひ今後の旅のラインナップに加えていただきたいですね。

マリーナシティは地元の美味しいものが集まっていて、**「くろさわ牧場」**のソフトクリームが美味しかったです。もう何度目って感じですが、今回も**「牧場アイスだいたい美味しい説」が立証されました。**

マリーナシティを後にして、視聴者さんのおすすめ**「ドルチェ エ カフェ アランチャ」**へ。ここは景色も雰囲気もすごく良くて、和歌山県産のフルーツを使ったスムージーが飲めるんですが、種類も多いし、スイカとかキウイとかなかなか見かけないメニューもあるし、何よりフルーツやジェラートをトッピングできるのがすごく良い！ マリーナシティからすぐの場所にあるし、ドライブがてら立ち寄るのに最高だなと思いました。

和歌山ラーメンが食べたくて、テレビでも紹介されている**「井出商店《いでしょうてん》」**に行ったんですが、ここの中華そばは見た目とにおいと味のギャップがあって衝撃的でした。見た目はあっさり醤油なのにとんこつの香りがして、こってりとんこつは苦手だから食べられないかな～と思いきや、食べてみると臭みが全然なくてめちゃくちゃ美味しかったんです。

次は絶対アドベンチャーワールドに行きたいですね。昔家族で行ったことがあるんですが、そのときに買ったパンダのぬいぐるみにスティって名前をつけてめちゃくちゃ大事にしていたんです。まだ実家にあるのかな？ ２０２４年の今現在は、**絶対アドベンチャーワールドに行くぞ！**ということをモチベーションにして生きています。

44

長崎県

2023.12.27 UPLOAD

NAGASAKI

激混みでも行きたい、クリスマスのハウステンボス。

長崎は視聴者さんにぜひ！と言われていたので**「ハウステンボス」**に行きました。爆食とテーマパークが2大コンテンツと言っても過言ではないエミリンチャンネルなんですけれども、ハウステンボスは名物が食べられて、地元の人気店も入っているので最高です。

クリスマスの時期に行ったので人がやばかったんですが、ハウステンボスはイルミネーションがめちゃくちゃきれいで、気合いの入れ方がすごいんです。夜に花火が上がるんですが、それがめちゃくちゃロマンティックで、デートで来たら最高だろうなと思いました。クリスマスディナーにぴったりのお店もたくさんあるし、デートにイチオシです。

ハウステンボスはミッフィーとコラボしていて、カフェが大人気でした。1泊2日で行ったんですが、**1日目は100組待ちの大行列**で挫折。とりあえず**「ミューズデリ&カフェ」**でホットドッグも食べたんですが、イルミネーションを眺めながら食べられるのがすごく良かった。混んでいるけどクリスマスならではの魅力があるのでこの時期にして良かったなとしみじみ思いました。ただ、**どこに行っても並ぶことだけ覚悟しておいてください。**

夕食は長崎名物のレモンステーキのお店**「ロード・レーウ」**に行きました。1時間とか結構待ちましたね。待った甲斐《かい》あってめちゃくちゃ美味しかったです。甘辛くて、レモンのさっぱりした感じもあって、お肉に合うようにガツンとした存在感のあるソースになってい て……。お肉も柔らかいし本当に美味しかった。このレモンソースは買ってくれば良かったと未だに後悔しています。以前食べた**「とっとっと」**というお店のトルコライスも美味しかったんですよね。大人のお子様ランチみたいな感じで長崎では有名らしくて、オムライスとハンバーグとナポリタンとクリームコロッケが乗ったミックストルコライスを食べたんですが「何から食べよう⁉」ってなりました。どれがメインなのかもわからないし、いつもの感じでご飯とおかずみたいな配分ができないから、ワクワクでプチパニックを起こすんですよ。盛りつけも可愛くて、本当に子どもの頃に戻ったような気持ちになれました。

せっかく長崎だしということで名物の五三《ごさん》焼きカステラを買ったんですが、めちゃくちゃ種類があってびっくりしました。**「須崎屋」**の6切入りを買ったんですが、これが本当に美味しくて、甘みも濃厚で舌触りも良くておすすめです。長崎出身の動画編集者さんに**「福砂屋」**のフクサヤキューブを教えてもらって後日食べたんですが、1人分サイズなのでこれは本当にいいなと思いました。お気に入り。

2日目はミッフィーコラボの**「ナインチェカフェ」**に再チャレンジしました。朝10時に整理券を取って気合いを入れて臨んだんですが、クリスマスの時期じゃなければそこまで頑張らなくてもいいみたいです。LINEで通知が来るんですが、そこから5分以内に入店し

顔の違うエミリンチャンネル▶

ないと無効になるのでご注意ください。カフェは本当に可愛くて、ミッフィーが主役だから長崎の名物とかはないのかな～と思いきや、**長崎発祥のミルクセーキ**がメニューにラインナップされていて、これは見事なコラボだなと思いました。シャリシャリのシェイクみたいな感じでめちゃくちゃ美味しかったです。そして、ミッフィーのカレーが可愛すぎて、混ぜるのがもったいなくてなかなか食べられないくらい可愛かったです。甘くて美味しかった！

私は雨女なので、この日もちゃんと雨でした。「**ショコラ伯爵の館**」というところがあって、ここはチョコレートが蛇口から出てくるんですよ。そんなの人類の夢じゃないですか。味もめっちゃ美味しい。甘すぎず、カカオの香るチョコレートという感じで、ココアっぽいのかな？　カカオの風味が強くて美味しかったです。

帰りに長崎空港で佐世保バーガーのお店「**LOG**《ログ》 **KIT**《キット》」に行ったんですが、多分初めて食べたんですが**佐世保バーガー美味しすぎますね。**肉肉しくて、パンは外はカリッと中はフワッと。オリジナルマヨネーズが使われているのが特徴らしいんですが、酸味が控えめで柔らかくて、食べただけで「これは！」と感動するくらい美味しいマヨネーズでした。九州は地元の名店が空港に入っているパターンが多くて嬉しいです。

余談ですが、４年前にもハウステンボスに行っている動画があるんですが、そのときの自分の顔が今と違いすぎて「何事？」ってなりました。気になる方はぜひ見てみてください。

45

東京都

2023.12.28/2024.02.01/02.07 UPLOAD

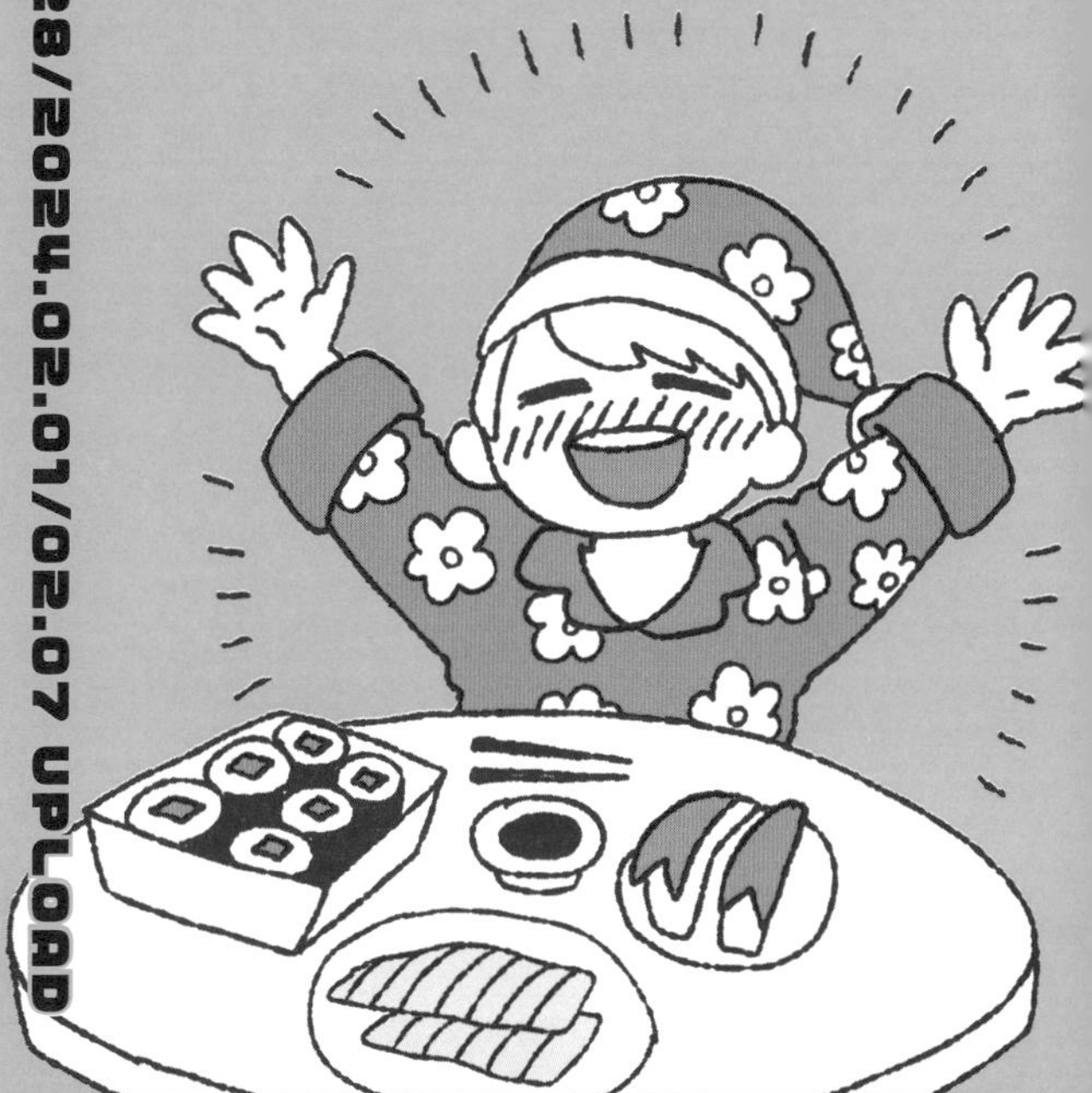

TOKYO

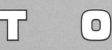

エミリン印の東京1日プラン。

東京はかれこれ8年住んでいるので、今回は観光で来る方を想定して、よく聞かれる「1日東京観光するならどんなプランがおすすめ？」という質問にお答える形でご紹介します。

まず、私は東京に来るときはいつも夜行バスを使っていたので、朝イチに東京に到着したとしましょう。朝が早いなら築地場外市場《つきじじょうがいしじょう》がぴったりですね。朝からそんなに食べられないよ～という方も少食の方も、軽くつまめるものがたくさんあるので安心です。私のおすすめは、まず**「丸豊《まるとよ》」**のマグロの鉄火巻。TikTokとかでも流行っていて、おにぎり屋さんなんですがお寿司も色々あって、すじこも美味しかったです。ここもすごく有名だと思うんですが**「丸武《まるたけ》」**の玉子焼きも美味しかったです。玉子焼きだけどスイーツみたいな感じがして、甘めの玉子焼きが好きな人はすっごい好きになると思います。このあたりで朝ご飯を済ませたら、あとは自分のペースで食べ歩きです。私は事前に調べてあった**「斉藤水産」**というお店で生牡蠣とウニを食べました。その場で気になったところに入るのもいいですが、美味しいお店を見落とさないためには事前にネットでリサーチしておくのがコツです。当然築地なので海鮮は全部めちゃくちゃ美味しかったです。その後、**「築地 田所《たどころ》食品」**で魚卵屋のたらこパスタを食べたんですが、太めのもちもちパスタなので、たらこがしっかり絡みつくんです。レモンを搾って食べるんですが、おかげでスッキリあっさりした味わいになっていて朝にちょうどいい。ここのお店はおばちゃんたちがチャキチャキ作っていて、気さくに話しかけてくれるんです。その感じがすごくほっこりする。以上が私の築地おすすめフルコースです。

お昼はスカイツリーに行きましょう。観光地としても定番ですが、ここはソラマチに面白い&美味しいお店がたくさん入っているんです。変わり種で**「元祖食品サンプル屋」**で食品サンプル作りの体験ができます。当日予約制なのでソラマチに着いたら即申し込みにいきましょう。展望台に登って東京を一望して、小腹を空かせたらお昼ご飯。築地でしっかり食べているので軽めがいいですね。**「MISOJYU《みそじゅう》」**というお味噌汁の専門店と**「立ち喰い梅干し屋」**がおすすめです。みかん梅とかキムチ梅とか変わり種味もあるのが面白くて、一番酸っぱい**杉田梅**がおすすめ。動画でも食べているので私の反応を見て破壊力を想像してみてください。おやつは**「祇園辻利《ぎおんつじり》」**でスカイツリー限定のつじりツリーソフトがおすすめです。抹茶・ほうじ茶・玄米茶の3種があるんですが、全部美味しいです。スプーンがスカイツリーで見た目のインパクトもあります。

SNSで映える写真もしっかり撮れたところで、エミリンチャンネルの聖地に行きましょう。池袋の執事喫茶**「スワロウテイル」**です。**「池袋男子BL学園」**も近いので、そこはお好みで。執事喫茶はコンセプトカフェ初心者の方におすすめで、ガチでお嬢様みたいに扱ってくれるんですよ。コスプレじゃなくて本当に執事。さりげない気遣いも行き届きまくっていて最高に姫気分になれるので、ぜひ友達とアフターヌーンティを楽しんでください。BL

喫茶は**妄想カップリングポッキー**というメニューがおすすめ。指名した2人の男子に好きに指示ができるので、名監督になったような気分が味わえます。

夜は新大久保。**新大久保は友達と2人以上で行くことを推奨します。**特にサムギョプサルなどは基本2人前からなので要注意です。1人で来るときには、食べ歩き系のメニューがおすすめです。まずは**「ジョンノ屋台村」**でソトックソトック。これは外せません。あと、個人的に**「トルドロ」**の煙突パンもおすすめです。パンの常識を覆すレベルで美味しいんです。焼きたてパンのカリカリサクサクの部分を全体にクルクル巻いたみたいな、美味しいとこ取りの設計。見栄えだけじゃなく味も美味しいし、色んな味があるので自分の好みで選べるのもいいんです。店内もおしゃれなので存分に東京を浴びられます。しっかり夕飯を食べたいとか、お肉が食べたい！という方には**「くるむ」**のサムギョプサルがおすすめ。お野菜がたくさん食べられて、葉ものの種類が15種類くらいあるんです。お肉の種類も色々選べるので、自分の好きなものを頼める自由度の高さが良い。野菜が余ったらスムージーにしてくれるので、もったいないおばけもお役御免《ごめん》です。

以上、東京観光エミリンプランでした。私の爆食動画によく出てくるスポットもたくさんあるので、視聴者のみなさんならきっと楽しんでいただけると思います。リアルのエミリンチャンネルはというと、築地場外市場で観光地気分を味わったあと、さらにテイクアウトして1人でパジャマパーティを開催しました。ニコニコ。

46

岡山県

2023.12.31 UPLOAD

OKAYAMA

今と昔が調和した、フルーツ天国岡山県。

　岡山は、お詫びしなくてはいけないことがあって、本当は1泊2日のゆっくりプランを計画していたんですが、スケジュールの都合で急遽日帰りになってしまいました。でも、「岡山って日帰りでもこんなに楽しめるんだ」というのが率直な感想でした。

　視聴者さんに岡山のおすすめを聞いていたんですが、一番多かったのが「まあたそに会いに行ってほしい！」だったんですよね。岡山の代名詞、まあたそ。みなさまからこんなに愛されてるんだなって感じられて、友達としてすごく嬉しかったです。余談なんですが、私岡山弁が大好きで、まあたそも「〜じゃあ」とか「〜しよん」とか言うんですが、めっちゃ可愛くてツボなんです。上京したばかりの頃に岡山弁のスタッフさんがいて、岡山弁が素敵というだけの理由で好きになったほどです。誰も得をしないエミリンのフェチ情報でしたね。まあたそとのランチ女子会は本当に久しぶりでめちゃくちゃ楽しかったです。

　まあたそとバイバイして、倉敷美観地区《くらしきびかんちく》というところに行きました。視聴者さんとまあたそ両方からおすすめされていたんですが、まず景観が素晴らしい。川沿いにずらっと町家が並んでいてすごくきれいだし、古き良き町並みというのはもちろんなんですが、今っぽいおしゃれさも兼ね備えていて、それがすごく印象的でした。まずは**「倉敷デニムストリート」**のデニムまんが有名ということで食べたんですが、デニムというだけあって青いんです。一緒に買ったデニム桃スカッシュも青かった。でも、青が全然味に干渉していなくて、めちゃくちゃ美味しかったし、写真映えも素晴らしかったです。美観通りはお散歩しているだけで気持ち良かったなぁ。その後**「くらしき桃子《ももこ》」**というお店でクレープを食べたんですが、これがめちゃくちゃ美味しかったのでおすすめです。季節限定の紅白いちごWクリーム。皮がモチモチでカスタードクリームはトロトロで、いちごの甘酸っぱさもしっかり主張していて、素朴な味わいなんですがすごく美味しかった。もっと食べ歩きがしたかったんですが、このあたりは**お店が17時とかには閉まってしまう**ので、もうちょっと早めに行けばよかったなと後悔しました。まあそこに久しぶりに会えたからついつい話しすぎちゃったんですよね。あと、今回の私のコースは倉敷駅周辺だったんですが、岡山は視聴者さんからあらかじめ**「車がないとスムーズに回れないから車はマストですよ!」**という情報をいただいていたので、みなさんにもシェアさせていただきますね。

美観地区を離れて**「中華そば　月のうつわ」**へ。行きたかったお店が営業時間終了だったので急遽食べログで検索して行ったんですが、すっごい美味しかった! 食べログ3・5以上のところは本当に間違いないと思います。素朴なお醤油の味で、硬めの細麺で、醤油の味がしっかり麺に染みていて、食べ歩きのシメにぴったりでした。

せっかくなのでここで動画では紹介していないおすすめのお土産を2つ紹介します。1つめが**「美観堂《びかんどう》」**のそのままの桃という瓶の桃のジュースなんですが、完熟の岡山白桃が3～4玉くらい丸ごと入っていて、3000円くらいする高級品。**桃の凝縮原液**なんじゃないかっていうくらい濃厚で、今まで飲んできた桃ジュースの中で一番の衝撃でした。本当に美味しかった。量も370mLしかないのでシャンパングラスみたいなやつに入れてちびちび飲みました。**この高級感はギフトにぴったり**だと思うので、お仕事先や目上の方への手土産にも良いなと思いました。もう1つが**「有鄰庵《ゆうりんあん》」**のしあわせプリン。古民家カフェでその場でも食べられるんですが、お腹がいっぱいだったので持ち帰りにしました。倉敷の名物ということで視聴者さんに教えていただいたんですが、見た目がすごく可愛くて、ふたを開けるとチョコレートで顔が描いてあるんです。3つ買ったんですが全部顔が違ってすごく可愛い！　通販があるみたいなので注文してまた食べようと思います。小さいカードに**「みなさんに幸せが訪れますように」**みたいなメッセージが書いてあって、30歳にもなるとそういうちょっとした気遣いに思わずうるっときちゃうんですよね。大人になって涙もろくなったのかしら。

岡山は**「日本一のだがし売場」**にも行きたかったんですよ。子どものリクエストに答え続けて、今はおもちゃを合わせて5000種類を取り扱っているって書いてあります。これは2024年の宿題ですね。

47

石川県

2024.1.03 UPLOAD

ISHIKAWA

女子旅の楽しい全部盛り！

石川は飛行機で行ったんですが、小松空港まで1時間くらいであっという間に到着しました。実は石川には2回行っていて、1回目が2月だったので雪で思うように動けなくて動画を撮るのを諦めたんですが、そのとき利用した新幹線のグランクラスがあまりにも良かったのでみなさんにおすすめしたいです。長椅子に座れて快適に寝られるし、全然疲れないんです。軽食が出てきたり飲み物が飲み放題だったり、高いんですがお金をかける価値があるというか、旅行の満足度がバツグンに高くなるので、ご褒美旅行などの際におすすめです。

初日は小松市から。天気は見事な雨でした。いつも通りですね。視聴者さんから教えていただいた**「餃子菜館《ぎょうざさいかん》 勝ちゃん」**で餃子をいただきました。雨なのに人がたくさん並んでいて、20分くらい待ちました。ここの餃子は私の中の餃子ランキング1位と言っても過言じゃないくらい美味しかったです。スナック菓子みたいなパリパリの薄皮で、2皿ぐらいペロリといけちゃいます。そして、この旅で何度か登場した「何を食べても美味しいお店」認定店です。石川に来たら絶対に行ってほしい。次に、**「加賀 伝統工芸村 ゆのくにの森」**に行きました。ここも視聴者さんのおすすめ。陶芸とかガラス細工とか色んな体験系のものを全部集めました！みたいな体験もののテーマパークでした。私は50種類以上ある体験の中からクッキー作り、山中塗の蒔絵《まきえ》を体験。事前予約が不要で、当日気軽に参加させてもら

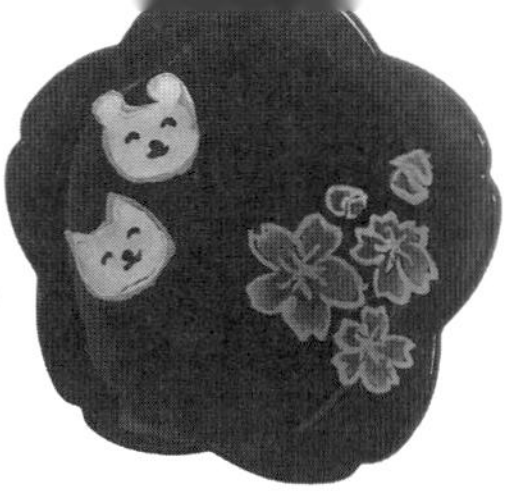

でき上がった山中塗 ▶

動画で完成形を見せるねって言いながら結局お見せできていなかったので（エミリンあるある）、ここで初めて紹介させていただきます。

えるのがすごく良かったです。お菓子体験はクッキー作りの楽しい部分だけをやらせてもらえるのでこれも気が楽で、でき上がったクッキーが美味しすぎて大事に大事に食べました。きっと味つけの方が上手だったんですね。山中漆器体験もすごく楽しくて、金箔の仕上げはやっていただけるので失敗することがないという安心感も良かったです。今はおうちでアクセサリートレイとして活用しています。

お宿は**加賀山代《かがやましろ》温泉**の**「あらや滔々庵《とうとうあん》」**に宿泊しました。山代温泉は本当にすごく良かったです。夕方でだいたいのお店が閉まっていたんですが「山代温泉総湯《そうゆ》売店」で温泉たまごが売っていたので、イートインでいただきました。ここが珍しくて、個包装の温泉たまごが買えるのでお土産にもいいし、立ち食いもできるのが面白かったです。そして美味しかった。お土産に買っている人も多かったです。30個入りとかもあって、バラマキ土産にもいいなと思いました。夕食はお宿でいただいたんですが、ここの**ずわい蟹のコース**がめちゃくちゃ美味しかったんです！　コースを通して蟹づくしで、前菜からずっと惜しみなく出てくるんですが、加賀の蟹は甘みがあって本当に美味しいんです。他の海鮮もすごく美味しい。今後蟹を食べるときのために覚えておいていただきたいんですが、コースでメインが出てきたら**ちょっとだけ蟹を残しておいていただきたいんです。**そして、最後に出てくるご飯と一緒に**蟹ご飯にして食べるんです。**私はよくそれを忘れて後悔するんですが、ハッピーな気持ちになれるのでおすすめです。

2日目は金沢に移動して、ひがし茶屋街《ちゃやまち》へ行きました。ここは風情があって、お店もたくさんあって素敵なんですが、食べ歩きが禁止なんです。逆にどこのお店もイートインスペースがあるのは食べ歩きスポットとしては珍しいし、むしろありがたいなと思いました。このあたりは古民家カフェがたくさんあって、視聴者さんのおすすめのお店も一箇所に集中していて、どのお店もレベルが高かったです。中でもダントツでおすすめの声が多かったのは**「箔一《はくいち》」**の金箔のかがやきソフトクリーム。目の前で作ってくれて、金箔を一枚丸々ペラって貼ってくれるんです。その分金額は高いんですが、キラキラしたソフトクリームがすごく特別感があってすっごいテンションが上がる！ しかも、ソフトクリーム自体の味も超美味しかったです。もう1軒美味しかったのが**「生麩甘味処《なまふかんみどころ》 不室茶屋《ふむろちゃや》」**のしら玉生麩。これがふにふにで柔らかくて麩でも白玉でもない全く新しい何か（超美味しい）。きな粉・みたらし・あんこと味変ができるのも良かったんですよね。動画外で行った**「Cafe たもん」**の米粉のパンケーキも美味しかった！ 米粉って感じがしなくてやわっやわのふわふわで、パンケーキの中でも最上級の美味しさ。写真がないのが惜しいです。今回47都道府県の旅を振り返ってもっと写真撮っておけば良かったって思いました。映え映え言ってるのに全然撮ってない。今後に活かしたい反省ポイントです。

そんな感じで最高の石川旅でした。体験とか温泉とかスイーツとか、女子の好きなものが全部揃っていて、本当に石川県大好きになったので絶対にまた行きたいです。

STAFF

著者　大松絵美

デザイン　中島恵利
表紙イラスト　林 真保［アークデザイン］
本文イラスト　西尾うり
編集　和田奈津子［宝島社］、アダチミカ

SPECIAL THANKS

岡山でご協力いただいたまあたそ様
今回の旅で情報をお寄せいただいた視聴者のみなさま
今回の旅でお世話になった各地のみなさま
撮影をお手伝いいただいた動画編集者のみなさま
my family

おわりに

47都道府県を全部回ったことで
これまでよりずっと日本が大好きになりました。
全国にはまだ知られていない素敵な場所や
美味しいものが本当にたくさんあります。
大好きになったお店や場所がずっと長く
続いてほしいし、みなさんにもぜひ
楽しんでいただきたいので、その魅力が
少しでも伝えられているといいなと思います。
この本がみなさんの旅のお供に
役立ちますように。

エミリンチャンネル!
Have a nice trip!!!

エミリン（大松《おおまつ》絵美《えみ》）

1993年10月4日、兵庫県生まれ。YouTuber／元芸人。2024年5月現在チャンネル登録者数178万人。チャンネル開設当初はキャラ芸人らしいモノマネや一人しゃべりで注目を集める。現在は、食・旅・美容・謎企画・こじらせた恋愛観を引っ提げた女子トークなど、エンタメ性の高い動画を中心に多種多様なコンテンツを発信している。2022年に－20kgのダイエットに成功して話題になるも、47都道府県の旅で1日に5食も6食も食べまくった結果、現在リバウンド中。人生のステータスを動画とエンタメに全振りしている。

YouTube

TikTok

Instagram
@emirin1004

X
@oomatsuemi

エミリン爆食
アラサー女子旅
47都道府県

2024年6月7日　第1刷発行

著者　エミリン
発行人　関川 誠
発行所　株式会社 宝島社
〒102-8388
東京都千代田区一番町25番地
電話（営業）03-3234-4621
（編集）03-3239-0928
https://tkj.jp

印刷・製本　サンケイ総合印刷株式会社

Printed in Japan
ISBN 978-4-299-05063-2